养育男孩

闫晗 编著

吉林文史出版社
JILINWENSHICHUBANSHE

前 言

　　望子成龙是每位家长的心愿。身为男孩的父母，无不希望自己的儿子是最棒的：机智勇敢、乐观自信、品质卓越、自立自强、有才学、有责任感、有爱心、有风度……并希望他在不久的将来成长为一个顶天立地的男子汉，担当起社会、家庭的重任。但是，最棒的男孩不是天生的，而是通过后天教育造就的，这与父母的教育和引导不无关系。正如古人所说："玉不琢，不成器。"男孩如同一块璞玉，只有在用心雕琢下才能放出最耀眼的光芒。

　　父母的教育决定了男孩的未来，出色的男孩是优质教育的结果。家庭是男孩人生中的第一所学校，父母是他们的第一任老师，父母的言传身教，对男孩的智力、性格、习惯、心态、能力、品德等的培育有着重大影响，甚至可以决定男孩的一生。男孩将来会成为什么样的人，建立怎样的事业，掌握多少财富，成就怎样的人生，都掌握在父母的手中。因此，无论你想给男孩一个什么样的明天，都要用心培育他。因为没有教不好的男孩，只有不会教孩子的父母。

与养育女孩相比，家有男孩带给父母的挑战似乎要大得多。他们远不像女孩那样乖巧——爬树、坐不住、好斗、偏执、马虎、调皮捣蛋、把家里弄得一团糟，男孩似乎总是会给父母制造各种各样的麻烦，令父母们感到困惑和无奈。古希腊伟大的哲学家柏拉图早在2300多年前就这样写道："在所有的动物之中，男孩是最难控制和对付的。"而事实上，这些不安定的个性，恰恰是男孩探索欲、创造欲、领导欲的体现，父母们需要了解这一点，并需要知道如何针对男孩的特性进行科学的引导，只要父母引导得当，善于发掘男孩的个性与潜能，每个男孩都会成为一个杰出的人才、一个了不起的男子汉！

然而，现实生活中，有些父母望子成龙心切，一味地关注其智力和学业，盲目地给男孩安排各种培训班或特长班，完全忽略了男孩自身的特性和潜能，忽略了男孩心理、能力、品德等其他方面的培养。其实，最棒的男孩不只是成绩优异，他们更应该爱学习、会学习、有着很强的学习能力，他们应该凭借着幽默的谈吐和绅士般的举止而为人们所喜爱，应在某个领域中表现出果断的办事能力和独当一面的气魄，还应具备超群的才学、独特的眼光和成熟的心智……而这些并不是单靠学习课本知识和特长培训就能够造就的。

教育男孩是一门艺术。培养最棒的男孩，父母不但要教，更需要掌握科学的育儿观念和方法，具备一定的育儿智慧。如果教育方式合理、科学，每个男孩都将是最棒的。如果教不得法，不但达不到培养目标，还可能阻碍男孩的发展，使他终其一生碌碌无为。因而，要想培育出最棒的男孩，必须先学会做父母。首先，提高自身的素质，以自己言传身教的榜样力量去影响男孩，造就男孩。其次，掌握科学的教育理念和有效的技巧，了解男孩与女孩的区别，遵循男孩的独特个性和发展规律，科学地加以引导。再次，男孩在人生的各个阶段，会遇到各种各样的问题、困难和挫折，父母们应随时更新自己的教育观念，鼓励、帮助男孩自己去解决这些问题，慢慢地放手让男孩独立面对人生。

　　《养育男孩》结合男孩的心理特征和成长规律，从不同角度出发，为父母们提供了一套成功教子方案，使父母们掌握教育的正确方向和科学方法，真正教到点子上，是每一位望子成龙的父母的必读书。本书分析了男孩天性中的优缺点，以及父亲和母亲在养育男孩过程中的不同作用，全面介绍男孩的心理、性格、品质、潜能、学习等各个方面的培养方法，如怎样穷养出有上进心的男孩，如何锻造男子汉特性，如何激发男孩的潜能，如何引导男孩爱上学习等，指导父母教出最棒的男孩。书中综合介绍了国际著名教育家如蒙台梭利、多湖辉等的教育理念，最有助于发展男孩天性的教育方法，以及透视男孩成长所应掌握的心理学，如攻击性心理、杜根定律、投射心理等，有效解决了最令男孩父母头疼的难题，如如何说男孩才会听、如何避免男孩成为"娘娘腔"、男孩如何安全度过青春期、怎样令男孩学会应对挫折等。

掌握了这些方法和技巧，并用心、耐心、精心培育自己的儿子，他必将朝着你所期望的方向发展，成为最棒的男孩。

目　录

1

第三章

母亲影响男孩的一生——好妈妈的教子分寸

第四章

听说之间有玄机——零吼叫养出 100% 好男孩

第七章

将"叛逆"转化为"独立"——与"问题"男孩相处

第一章

读懂男孩的成长——全面了解你的男孩

生理秘密决定男孩的特质

男孩女孩生来不同

男孩和女孩生来在大脑结构上的差异，使他们对事情的处理方式截然不同。女孩更善于处理那些复杂的情感，这可以解释为什么女孩可以更加容易地理解和感受到别人的感情，她们会比男孩更加善解人意。而男孩更擅长处理那些简单直接的情感，远不如小女孩细腻。

很多父母在日常生活中也能体会到这一点：女孩一般感情都比较细腻，很会关心他人、体贴他人。在与他人相处的过程当中，女孩能够很好地感受他人的内心。而男孩只想着自己来掌控局面，不仅不会关心他人，而且在无意之中还可能会伤害到别人。

对于男孩来讲，由于他们的左右脑在发育的时候联结得不是很密切且左脑的发育相对缓慢，所以他们不像女孩那样擅长体察他人的内心世界。诚然，不关心他人、不善沟通，这是男孩天生的弱项，但这无疑也是男孩成长过程中的障碍。如果家长希望自己的男孩能够懂一点儿人情世故，那就要想办法从小训练他们，耐心地教他们一些与人相处的小技巧。

有一位家长就是通过帮助自己的儿子改变思维方式，教会他体会到别人的感受的：

当儿子3岁的时候，我就告诉他："如果你打别人的话，别人就会感到疼，所以我们不可以打人。"男孩子一般思维都比较单向，做事不会考虑到后果，所以作为家长，我得先向他交代清楚。为了让儿子能更加深刻地体会到这句话的含义，我经常和他玩"角色互换"的游戏。

我还会这样告诉孩子："当别人感觉到不舒服的时候，他的脸色就会发生变化。我们要去关心他，安慰他。"这样，教会孩子通过别人的面部表情来判断别人的内心感受。

当儿子5岁左右的时候，遇到不高兴的事情，他就会发脾气。这时，我就开始教他读懂自己的情绪。我告诉他："当你感觉心里不舒服的时候，要及时告诉爸爸妈妈，或者让自己安静一会，一定要掌控自己的情绪。"

体会他人的内心感受、了解自己的情绪，这是培养男孩与人相处能力的必修功课，也是减少男孩与他人发生冲突的有效方法。其实，家长在教孩子学会这些交往技巧的过程，就是帮助孩子大脑左右半球建立联系的过程，相信在这样的过程中，男孩一些天生的弱势，比如语言表达能力不强、不会关心他人、不善于与人沟通等，都能得到有效的解决。

Y染色体：决定男孩性别的关键

男孩女孩分别带着不同的特质来到这个世界上，这也就注定了从一开始男孩和女孩是不同的。男女有别，并非简单地指外观上的差异，更多的是心理、生理等方面的差异。正是因为男女之间天生的性别差异以及由这种差异引发的心理和伦理等方面的巨大差异，所以在教育子女的过程中，性别不应该被忽略。

每个孩子的性别在母亲受孕的那一天开始就已经被确定了，这是我们每个人都无法忽视的事实。在我们的细胞里含有一种叫作染色体的物质，它携带了一些信息，这些信息可以控制我们身体的遗传特征，比如，我们眼睛的颜色和头发的曲直，等等。性染色体分为 X 和 Y 两种，人体内的每一个体细胞都含有 23 对染色体，在每对染色体中，一半来自母亲，一半来自父亲。母亲的卵子中含有 23 条染色体。在受精过程中，它会和父亲精子中的 23 条染色体相结合，这样就形成了含有 23 对染色体的新细胞。人的性别是由爸爸精子中的性染色体决定的。当爸爸含 X 染色体的精子与妈妈的卵子结合时，就会生下女孩；当爸爸含 Y 染色体的精子与妈妈的卵子结合时，就会生下男孩。

不同的染色体结构决定了男孩和女孩生理结构的不同。这种不同不仅仅指生殖器官的显著不同，更表现在大脑结构、体型大小、激素值的高低以及感观反应速度等各方面。

以女孩为例，从妈妈受孕那一刻起，女性染色体基因便被女性激素激活，这些激素在女孩出生之前就已经为她规划了未来。也就是说，女性激素决定了女孩细心、安静、敏感、温柔等天性，同时也决定了女孩更注重人与人之间的关系。激素对女孩的感情生活也有着重要影响。它控制女孩情绪的稳定、思考的过程、做事的动机、爱好、焦虑以及如何处理外来的压力和性冲动。女性激素同样导致她的情绪天生就变化无常。因此，有的文学家曾把女人称为"最具情感的动物"。女性激素等雌性激素活动不稳定，就会使女孩的情绪产生波动。如果女性激素等雌性激素过低，女孩就会感到孤独、生气、易怒、悲伤、失望、缺乏自尊，这也是女孩更敏感的原因。

当然，雌性激素只是一个方面，女孩还受其他激素的影响。例如孕激素就是女孩更喜欢小孩子和小动物的原因，催产素则会使女孩产生更多的"怜悯之情"，这就是"母性的本能"。

我们再来看男孩，睾丸素在塑造雄性特征方面起到了重要的作用。虽然女孩体内也有睾丸素，但是水平只及男孩的1/20，因此女孩不存在很强的攻击性。而睾丸素这种激素使男孩身体的发育更快。同样也是由于这种激素，使男孩的行为不同于女孩，男孩更需要释放自己的能量。另外，睾丸素的存在改变了男孩的大脑结构，限制了他们大脑两个半球的电流传输数量，而女孩通过接触两个半球过去积累的经验，很快就能领会出自己的感觉，因此，男孩对感情的反应往往不如女孩敏感和快速。

总的来说，染色体决定了一个人的性别，而激素造成了性别差异。

睾丸素让男孩成为"有攻击性的小机器"

男孩大多喜欢集体生活，更喜欢主宰、控制环境，并善于根据自己的实力来估计自己在所处集体中的地位。相对于女孩来讲，男孩更喜欢竞争，竞争的环境可以使他变得更加兴奋，男孩也更愿意接受挑战，喜欢不为任何理由的冒险。

教育学家曾经做过这样的实验：分别观察 6 个月大的男婴和女婴，当他们面对困难的时候，女婴会通过哭泣来解决问题，而男婴会试图通过自己的探索来解决问题。通过分析这个对比实验可以得出结论：男孩如果能够从父母身上得到充分的爱和支持，就会比女孩更快地走向独立。

心理学家将男孩称为"有攻击性的小机器"，在运动能力、爆发力等方面，男孩要远远胜过女孩，同时，男孩的动作速度和猛烈程度也会远远超过女孩。男孩天生在这些方面具有优势，这取决于他们体内的睾丸素。

男孩喜欢玩冲锋枪，喜欢捉弄小猫小狗，拎起它们的小耳朵。

男孩喜欢玩火、喜欢扔石块，并且不会像女孩一样友好相处，他们会在游戏中粗鲁地推倒小伙伴。

男孩有时还会有意激怒自己的弟弟或妹妹，从中得到快乐。

男孩在做事的时候注意力很集中，但是耐久性很差，表现得很毛躁。他们经常没有听清指令就盲目行动。

男孩更加富有个性，他们喜欢张扬的做事风格，并且会对自己的所作所为产生自豪感。他们的行事风格看上去果断、大气，富于斗志和进取心。

男孩天生好动，喜欢实践，总是把家里的东西搞坏，他会出于好奇把家里的闹钟拆掉，为了听清脆的响声而把杯子摔在地上。

睾丸素对男孩的影响远远超过生长激素对他的影响，男孩因而变得精力旺盛，脾气暴躁。科学家曾做过很多实验来证明这一点，比如，给雌老鼠注射睾丸激素，这些老鼠竟试图和同性进行交配，彼此还会进行厮杀。这个实验足以证明：男孩好斗的根源在于睾丸素的作用。

正是由于睾丸素的存在，使男孩表现出不同于女孩的特征。了解睾丸素是父母帮助孩子更好地发展的一个途径。父母懂得相关的养育知识和技巧，才能给予孩子正确的情感影响，使他们的潜力得到最大限度的发挥。

为什么"惹是生非"的总是男孩

很多家长都会为自己的男孩感到头痛，因为他们经常会做一些大人们想不到的淘气事情：

也许他们会三天两头地掉进门前小区的水塘里；

他们最喜欢干一些让妈妈感到伤脑筋的事，把身上弄得脏兮兮的；

他们的书桌，更像是一个垃圾箱；

他们活动的区域，半径三米之内全部是乱糟糟的。

男孩不仅淘气，他们有的时候还喜欢发脾气，甚至和人打架。

但是有一个事实，家长们不得不去面对：正是由于受到睾丸素的影响，男孩天生更倾向于使用拳头来解决问题。

男孩在 2 岁左右的时候喜欢发脾气是一种很正常的现象，因为这个年龄段的男孩一般都容易冲动，而且自制能力很差，并且不太能忍受得住挫折。更多的男孩习惯用发脾气的方法来表达对父母要求的不满，通过这样的一种方式来表达自己的感情。

而当男孩到了 4 岁，他们对于面对挫折有了一定的承受能力，会初步明白一些事情的道理，如果这个时候男孩依然习惯用哭闹的方式来发泄情绪，那么原因大多是在家长身上，这说明家长在教育孩子的方法上存在着问题。

家长在与男孩沟通的过程中，用什么样的方法才能够有效控制男孩的脾气呢？专家给出的建议如下：

1. 作为家长，千万不要过于溺爱自己的孩子。有的男孩由于受到了父母过多的溺爱，稍微不如意就会大哭大闹以威胁家长。这个时候，是迁就孩子，还是遵从教子的原则呢？当然是后者，否则的话，他会更加无理，而你则会节节败退。当男孩乱发脾气的时候，最简单的方法是将他单独放在一个小房间里，作短暂的隔离，冷落他一会儿。这样的做法会让男孩感到自己乱发脾气、放肆哭闹都是没有任何意义的，明白这样做得不到家长的注意，也得不到自己想要的东西。当他意识到发脾气不能够使家长顺从他的时候，他就不会再乱发脾气了。这个时候，家长们再对男孩耐心地讲道理，他就能够认真听下去了。

2. 有的男孩发脾气，只是为了能够让父母更多地关注他。男孩的年龄越小，他的情绪就会越不稳定，注意力也会越容易分散。当父母发现男孩出现这样的表现时，一定要耐心劝哄他，千万不要训斥指责，更不要动怒打骂。

3. 当男孩成长到一定年龄之后，对于有些事情会有自己的想法和看法，这个时候家长们一定要给孩子们提供充分表达内心的机会。当男孩喋喋不休、饶有趣味地向我们陈述一件事情的时候，千万不要让孩子扫兴，要耐心地听他讲，这就是对他最大的鼓励。

男孩是"沉默的大多数"

科学研究表明，不管是男孩还是女孩，基本上都是先发育大脑的右半球，然后才发育左半球。男孩的大脑右半球不断地发育、完善，试图与左半球建立联系。但由于左半球的发育缓慢，导致大脑的右半球神经细胞无法延伸到左半球，只能返回右半球并连接到右半球上，所以男孩的大脑右半球连接发达。又由于男孩的大脑具备较好的空间推理能力，所以男生一般擅长数学，并且对拆卸零件很感兴趣。他们有很强的动手能力，喜欢自己动手解决问题，和女孩相比，男孩完成空间任务的能力更强一些，更加擅长抽象思维，具有很强的立体空间认知能力。男孩在数学方面也有很强的潜力，比女孩更容易理解复杂的数学概念，自然科学也是男孩的专长。

相比之下，男孩的左脑发育得相对较慢，而大脑的左半球正是我们的语言中枢。所以，小男孩往往不能流利生动地使用语言，他们要付出更多努力才能调动大脑的左半球，找出合适的词来形容他们的感受。

近来，科学家又发现，在大脑的结构上，男女之间存在着7个天然不同的区域。在女孩的大脑中，负责表达和处理复杂感情的区域更发达，比如忧伤和幻想；而对于男孩来说，负责表达和处理那些直接情感的区域更大，比如恐惧和愤怒。所以，对于有些事情，男孩和女孩的态度就会相差很多，一些让女孩感觉很沮丧的东西，男孩却无动于衷，而男孩更容易被人激怒，表现得更加直接和对抗，他们经常是放弃口头表达而选择肢体动作来解决问题。

有位老师曾在班里做过这样一项调查：在他教的班级里，总会有一些孩子在听说读写方面存在困难。其中，男孩的数量要远远多于女生的数量，男孩与女孩的比例大约是4：1。由此可知，大多数的男孩都是不善于组织语言的。

而对于成长中的男孩来说，语言表达能力是非常重要的。如果不能顺畅地表达自己的思想和情感，就很难获得别人的理解和认同。

男孩在语言方面的劣势，一方面是由于生理的原因，另一方面也与家长的教育方式息息相关。很多家长习惯与小女孩在一起讨论，询问她们的心情，了解她们喜欢的游戏，但当和男孩在一起的时候，家长们常常任由他们自由玩耍，总会忽略与他们的沟通。而与男孩谈话、带他们去看不同的风景、聆听不同的声音，这不但可以刺激其大脑细胞之间的联系，提高男孩的表达能力，而且有助于丰富男孩的观察力、创造力以及对社会的适应能力。有位家长曾经分享过自己的教子经验：

　　在我的儿子刚满一岁的时候，我就要求自己无论多忙，每天都抽出固定的时间读一段文章给他听。当时有人嘲笑我："孩子这么小，他能听懂你在说什么吗？你这样就是在做无用功啊！"但是对于这些评论我并不理会，依然坚持每天给儿子读书。令我惊喜的是，每当我拿起书给儿子读时，他就会手舞足蹈。慢慢地，他可以和我一起读简单的诗句了。

　　再后来，儿子开始喜欢听我讲故事，他每次听我讲故事，都会特别专注。我想这是训练他说话的好时机，我就会问他："你猜，接下来会怎样？"我用这样的方法引导儿子开口说话，锻炼他的语言表达能力。

　　男孩的大脑发育特点决定了他在语言方面的劣势，这位家长的做法就很科学。这位家长懂得让男孩从小对语言产生感觉，对语言产生兴趣。有了兴趣之后，再想办法促使他产生表达的欲望。当然，在实际的实施过程中，家长会遇到很多的困难，在最开始，男孩讲话肯定会磕磕巴巴或表达不清，这都是很正常的现象，家长不要着急，应耐心地给孩子更多的鼓励和帮助，而不是嘲笑甚至批评。

男孩的阶段性成长

0~7岁：悄悄形成的性格

　　男孩女孩在成长的过程中，不同的阶段有不同的特点，这些都需要家长来认真体会。男孩从出生到7岁入学一段时间，基本上都是在家长的细心呵护之下长大的。在这段时间中，男孩可以在母爱的包围下安全成长，虽然父亲在这一过程中也扮演了重要的角色，但是这个年龄段的孩子基本上是属于母亲的，是男孩成长过程中最温馨的一站。这一时期，父母所要做的就是给他足够的爱。

　　无论是男孩还是女孩，在婴儿时期都是同样的脆弱且喜欢被保护。对于那些襁褓中的婴儿和蹒跚学步的孩子来说，他们需要和父母形成特殊的亲密关系，最需要的就是一种安全感。

　　通常而言，母亲最能给孩子带来安全感。为人母之后的身心改变使她成为最适合与孩子在一起的人，而对于小孩来说，母亲是最能够给他心灵安慰的人。很多有带小孩经验的人都有这样的体会，孩子一看到最喜欢的母亲走过来，就会笑嘻嘻的，而看到不认识的陌生人走过来，就会吓得哇哇大哭。

　　喜欢依赖、喜欢被抚慰，是这一阶段孩子的共性，即便是男孩也是如此。作为父母，千万不要把男孩的这种现象看作是不正常的。他喜欢被人抱，喜欢有人陪他玩，喜欢被人逗，性情急躁的时候需要母亲不断地安抚才能安静下来，淘气的时候喜欢咯咯笑。这时候母亲要慈祥可亲，为男孩提供他所需要的一切。而父亲可以适当地和孩子进行一些互动。

　　当儿子用泥巴捏出一个圆饼时，母亲要表现出喜形于色的神情，对孩子的成果大加赞叹。父亲也要有意识地和孩子打闹、玩耍。当儿子生病时，父亲要在一旁轻声安慰，为他读故事书，哄他入睡。这些行为会让小男孩懂得：男人是善良的，生机勃勃的；男人同样会阅读，有能力撑起这个家。

对于7岁以下的孩子来说，强化他的性别差异并不是最重要的，重要的是要爱护孩子。这样，在男孩的内心深处会感到安全，他的大脑会得到充分发育，并学会与人亲密交流的技巧。同时，这样的孩子也更喜欢学习，将来会更喜欢与人合作。

父母对策：不要把男孩过早送进幼儿园

很多研究结果表明，托儿所这种地方并不适合3岁以下的男孩。和女孩相比，分离更容易使男孩感到焦虑，他会感觉自己像被抛弃了一样，从而会在感情上封闭自己。因此，男孩在3岁之前最好是在家里，而且最好是由父母照料，这样远比找个保姆或者送进托儿所要好。因为孩子需要和看护人一起度过很长的一段时间，看护人对于孩子而言具有特殊的重要意义。

有个小男孩从一出生，其父母就特意找了一个专职保姆陪伴他成长，几年时间下来，小孩同这个保姆的感情非常深。后来由于佣金的问题，保姆与孩子的父母发生了争执，这个保姆一气之下就离开了家。可是男孩早就对保姆产生了心理依赖，保姆的突然离开对这个男孩的打击很大。后来，父母又请了很多保姆，但都不能与这个男孩融洽地相处。渐渐地，这个男孩的性格越来越孤僻，不爱同周围的人交流，并且对自己的父母也心怀敌意。

这样做的问题就在于，父母没有认识到这一年龄段孩子的心理特征，他们习惯于和照顾他们的人保持亲密的关系，而且能够从中得到温暖、感受到生活的美好。而上面事例中的这对父母，首先没有创造和孩子互相沟通情感的机会，这就使男孩对保姆形成心理上的依赖和满足。不仅如此，父母还一手断绝了孩子和保姆的关系，这对一个正处于情感依赖时期的孩子来说是很残忍的。所以，日后男孩和父母的感情淡薄也是情理之中的事情。

此外，这一时期的男孩容易情绪暴躁，表现出好斗的行为，作为男孩的第一监护人，父母更应该细心照看，帮助他们健康成长。

8~13 岁：男孩在成长

男孩 8~13 岁这一阶段被称为"成长的男孩"阶段。

这一时期的男孩逐渐认识到自己已经长大了，并开始尝试着让自己具有男子汉的气魄。这时候的男孩，在日常生活中的兴趣及价值取向等方面会越来越像父亲。在这一时期，父母所要注意的就是，在培养孩子的过程中要让他形成善良的品性，同时给男孩灌输竞争意识，多教给他一些技能，孩子会为自己能够不断地成长而感到高兴。

这一时期的男孩更喜欢和爸爸或者其他的男性在一起，目的就是为了学做一个真正的男人。男孩心目当中的"英雄形象"，往往就是父亲的缩影，男孩会更加留意爸爸的一举一动。所以这段时间对父亲来说至关重要，很多男孩喜欢不时地制造麻烦，目的很可能是要引起父亲的注意。

有一个小男孩得了一种病情反复的怪病，连医生都找不到发病的原因，只能对男孩做一些特殊护理。男孩的父亲是一位声名显赫的医学专家，听说了这个情况之后就马上从国外赶了回来。父亲刚一回来，男孩的病情就立刻有了好转。而当父亲离开之后，男孩的病情就又开始加重了。这时有人提醒男孩的父亲应该多在家陪伴孩子。这位父亲接受了这个建议，从此男孩就很少发病了。

有些男孩会偷东西、攻击其他的小朋友，甚至尿床，他们这样做仅仅是为了引起父亲对他们的注意。作为父亲，要及时考虑到男孩的需要，同男孩一起运动、一起玩耍，一起培养共同的爱好。几十年后，当男孩长大成人，回忆起小时候的这段经历，总会感到无限的深情。

在美国，当男孩成长到一定的年龄之后，母亲就会经常有意地疏远他；在英国，当男孩长大之后，父母就把男孩送到寄宿学校去让他们开始独立生活。这样做的目的，是为了让他变得更加坚强。这一时期的男孩会和父亲的关系更亲近一些，但并不是说母亲的使命已经完成，要退出男孩的视线了。这一时期的男孩仍然是崇拜妈妈的，只不过是他的兴趣发生了变化，他更加关注作为一个男人应该具备些什么。作为母亲，则需要以平常心来对待这一点，一如既往地支持男孩，让男孩感受到母爱的温暖。

如果母亲总是习惯把男孩包裹得太紧，那无疑会占据儿子比较多的时间。也有一些母亲对儿子的期望值太高，这样会使男孩心生畏惧。对男孩的关怀太过或不及，都会使男孩在内心深处关闭与母亲的联系，在感情上的压抑，甚至会影响到将来他们在与人交往的时候能否自由地表达观点。

父母对策：父亲要亲密，母亲要疏离

著名作家亨利·比利尔在《父亲要素》一书中说："父亲在孩子眼中比母亲的影响更大，更为社会所关注。对父亲评价越高，要求也越高。由此可见，做一个好父亲并非轻而易举。"

父亲是家里的支柱。他可能会很忙碌，但孩子喜欢将"大事情"说给父亲听，让他帮着拿主意。在孩子心目中，父亲是成功的象征，父亲更为见多识广。父亲通常不会随便唠叨、埋怨，他们具有更强的包容心理，同时，做事也具有一定的原则性。孩子会仔细去掂量父亲说话的分量。孩子可能会对母亲的"指示"打折扣，但他们会认真执行父亲的"指示"。

父亲，既具备法官的权威，又富有朋友般的亲和力。在日常生活中，父亲是平易近人的，他甚至会和孩子打成一片。父亲具有孩子所喜欢的野性和冒险精神，女儿会觉得新鲜，儿子则会模仿和学习。在事业追求上，父亲可能会获得更多的成就和赞誉，容易让孩子尊重，甚至崇拜。父亲，在孩子心目中的地位是无人能替代的，所以，父亲与孩子能更深刻、更透彻地交流。

所以，作为父亲要珍惜自己特有的地位，注重与孩子沟通的质量和效果。当然，这并不是让父亲摆出家长的架势，而是用亲和的方式对孩子产生潜移默化的影响。为此，父亲应该尽可能去完善自己。

在生活上对男孩关怀得无微不至的往往是母亲，而男孩在年纪尚小的时候通常会有些恋母情结，对于父亲则没有过多的需要。所以，作为母亲，应该尽量松开对男孩的限制，有必要让男孩模仿和学习父亲的样子，以增强自身的男性意识，否则会使他以后的心理、人格等方面产生欠缺。

母亲陪同顺顺参加"过农家生活"活动。顺顺住在一户养了两条狗的农家。顺顺胆小，被狗吓得坐立不安，偏巧妈妈也从小就怕狗，于是出来进去，总领着他躲着狗走。吃饭时，狗闻着香味拼命叫唤，顺顺饭也没吃下，夜里睡觉也提心吊胆。第二天上午，他们与女主人一起去果园摘苹果，狗又跟着来了，吓得顺顺拼命地跑，顺顺越跑狗就越追，直到主人把狗喝退。回到家中，顺顺委屈地向父亲述说了这段经历，而父亲却说："这有什么呀，你见到狗以后，不要跑，蹲下来做捡石头状，用眼睛瞪着它，它看到你很凶，就不敢惹你了。"顺顺点了点头。

由此可见，父亲更善于解决矛盾，孩子在父亲身边更易具有阳刚之气及较强的承受力。

14~18岁：渴望成年的青春期

14岁以后的男孩要完成从幼稚到成熟的转变，此时的男孩进入了快速发育期，睾丸素的含量几乎是以前的8倍。他们热衷于与同伴交流，并喜欢参加各类社团活动，这些活动将有助于男孩学会与人沟通的技巧，并且可以培养他的责任感和处理问题的能力。父母所要做的就是鼓励男孩的选择，并且给予引导。

很多男孩的傲慢自大，绝大多数是来自于父母的过分溺爱，或者由于学习成绩好，拥有了太多的优越感，久而久之，有一种"唯我独尊"的霸道。父母要让孩子懂得谦虚做人，让他明白自己的位置。

苏东坡在年轻的时候由于天资聪颖，受到周围人的追捧，很是得意，在门前写了一副对联"识遍天下字，读尽人间书"，其狂傲的态度可见一斑。后来有一位老者特意来找他，向他请教了一个生僻的字，而苏东坡并不认得，禁不住红了脸。

老人问他："你不是识遍天下字了吗？"苏东坡认识到了自己的狂妄，于是把对联改成"发奋识遍天下字，立志读尽人间书"，从此虚心向学，一发不可收拾，最后成为一个真正有学问的人。

十几岁的男孩总是热衷于自己的想法，以自己的兴趣为标准，从来不会顾及别人的感受。不仅如此，很多在这一时期的少年会动作粗鲁，行为恶劣，与人交往时毫不谦让。这是一个人从儿童到成人过渡的关键时期，所以经常兼有两个时期的特点：一方面，这一时期的孩子缺乏适应社会环境的独立思考能力、感受力和行动能力等；另一方面，初步觉醒的自我意识又会支配他们强烈的表现欲，即处处想展现自己，想通过展示自己和别人的不同来证明自己的价值。

这一时期的孩子喜欢打扮得与别人不一样，喜欢做一些引人注目、与众不同的事情，也爱说一些令人吃惊的话，希望别人能够对他们另眼相看，这都是他们想要的效果。如果了解到这些，相信很多家长就不难理解孩子在这一时期的叛逆表现了。

作为父母，在看到男孩有这样的表现之后不可以听之任之，而应该让男孩提升基本的品质，比如做事负责、为他人着想等。

要想提升男孩的这些素质，可行的方法是让孩子加入为别人服务的行列，他们在帮助别人的过程中可以获得满足感，同时可以得到别人的尊重，建立更多的自信，对人生的意义和价值也会有更深一层的认识。

父母对策：让男孩感受到你的尊重

这一时期的男孩不仅仅是个孩子，而是已经长成一个小男子汉了。这一时期的男孩在生理上已经完全发育成熟，他们迎来了真正意义上的成长，需要在日后的学习生活中找到自己的位置，选择自己的生活方式。

随着年龄的增长、生理和心理上的变化，父母会发现十几岁的男孩非常不好管教，他们常常在各方面与父母产生分歧，父母通过威胁、哄骗等方式对男孩进行教育不会起丝毫的作用。青春期的男孩极度敏感，家长在教育时也要特别小心，千万不要动不动就训斥，甚至打骂，这样会极大地伤害男孩的自尊心，甚至会出现意外。

对于很多男孩的父母来说，最不愿意做的事情就是让男孩脱离自己的控制，可是，男孩已经长大了，父母不得不面对现实，给男孩充分的自由，让他独自选择属于他自己的人生道路。父母所要做的就是理解、鼓励和支持，无论自己的儿子做出什么样的选择，父母都应该给予足够的耐心，支持他做出的选择，鼓励他一直走下去。这一时期的男孩需要别人了解他的想法，当有人愿意心平气和地坐下来倾听他的观点和见解时，他会表现得非常通情达理。

下面6招可指导爸爸妈妈们帮助男孩度过"特殊时期"：

1.给予正确的导向。父母可以充分利用和男孩一起看报纸、看电视的机会，就发生的某件事情自然、恰当地对男孩进行教育，也可以通过讲述亲戚朋友的故事来影响男孩。

2.关心男孩的生理。青春期男孩会发生显著的生理变化，一般他不愿意主动向爸爸妈妈说明。作为家长，要了解到孩子的需要，可以买一些适合孩子阅读的青春期科普读物，放在桌子上让他自己来阅读，或者委婉地告诉男孩一些相关常识。

3.警觉男孩的异常行为。如果男孩有下列情况，家长一定要提高警惕：有旷课的行为；与不认识的社会青年接触；上课不能专心听讲，神情恍惚；过分在意自己的外表，喜欢打扮；突然不爱讲话，学习成绩明显下降等。如果男孩出现这些不正常的情况，父母要格外留心，并和老师保持及时的沟通。

4.做男孩的活榜样。父母首先应有一个积极向上的生活态度，这对于男孩来讲尤其重要。父母应充分发挥自己的榜样引导作用，让儿子在潜移默化中懂得做人做事的道理。

5.培养孩子的健康兴趣。家长可以鼓励孩子学习摄影、绘画、弹琴等才艺，让男孩的注意力转移到有意义的事情上，为男孩的充沛精力找到用武之地。

6.指导男孩的人生观。如果父母能够扮演一个良师益友的角色，那一定会受到男孩的欢迎。抽出时间和男孩谈谈心，给他提一些有用的建议，都可能成为男孩前进道路上的有益指导。父母还可以给男孩写封信，通过书信的形式给孩子留下反复体味的人生哲理，这将成为他的一笔精神财富。

男孩父母要知道的事

教育孩子不能忽略性别

在很多人看来，性别教育就是性知识教育，即把"性""别"分开来。例如，教育孩子们了解男女生理结构如何不同，月经初潮和遗精是怎么回事，教导男孩和女孩各自应恪守怎样的性规范，等等。

实际上，这种关于性别教育的观点是片面的，性别教育不仅仅是指生理上的性知识传授，还包括心理发育，更涵盖了人格教育的重要内容，以便向我们的下一代传授社会文化所认可的道德规范和社会价值标准，使孩子身心发展正常健康，为他（她）在将来的生活、婚姻中幸福长久，并在社会竞争中争取一席之地做准备。

举一个很明显的例子，现在的学校教育，是男生、女生坐在一起，老师用一样的教育方式，学校用着同样的评价体系，这样真的对每个人都公平吗？既然公平，又为什么被称为"坏学生"的总是男孩多呢？

　　实际上，由于男孩女孩的生理机制不同，他们的发育时间也不同。一般来说，男孩的身体发育比女孩晚。这就是小学时期，女孩子比男孩子能更出色地完成学校交给的任务的原因之一，尤其是像要求坐好、遵守纪律、认真听老师讲话等。但如果我们忽略了男女发育时间不同这一点的话，就会把这种现象归结于男孩本身的问题，认为这些发育上的差异是笨或迟钝的表现，而不是去考虑自己对待他们的方式是否有问题。这也是男孩更讨厌学校的主因。

　　还有一个很明显的例子，就是关于阅读。很多教育家提倡家长陪孩子读书，从小培养孩子的阅读习惯，讲故事则是培养阅读习惯的一个重要方法。然而，故事如何讲才能吸引他们的注意力，男孩和女孩却有很大的差异。男孩更希望先听结尾再听细节，而女孩则更喜欢由细节到结尾，因为这样会使整个故事带有悬疑色彩，女孩喜欢这样的悬疑。

　　性别没有好坏之分，各有自己独特的优势，如果正确引导，性别优势会给孩子的成长与发展带来加分的机会。但遗憾的是，现在的家长对自己孩子的关心大多放在学习成绩、身高体重上，而对他们不同性别的心理发育和气质的形成却较少关心。他们希望自己的孩子聪明、听话、个子长得高大些、学习成绩好些、能讨家长和老师的喜欢，对其个性和创造能力却很少考虑和关心，尤其是对男孩子，动不动就训斥甚至打骂，扼制了他们"顽皮捣蛋""争胜好斗"的天性。

　　近几年，"阴盛阳衰""中性化"现象已成为受人关注的社会话题。男孩子似乎越来越阴柔，身上的男子汉气息在日益减少。女孩子身上则没有了温柔、娇羞等女性特质，转而向中性化发展，脾气、个性、穿着打扮以和男孩子相似为荣。

很多老师也都发现班里有一些怪异迹象，女孩子个性张扬，男孩子却有些温顺。甚至有的男生，平日总喜欢穿一件类似于扎染的花衣服，说起话来细声细气，比画动作时还喜欢翘着小拇指。

卢梭说得好："在女人身上培养男人的特性，而忽视女人固有的素质，很明显对女人是有害的。"其实对男孩来说也一样。男孩和女孩是如此不同，教育他们也需要不同的规则和技巧。

一般来说，男孩擅长抽象思维，具有很强的立体空间认知能力，这正是将来学习工程学所必备的技能。男孩在数学和自然科学方面也有很强的潜能。而女孩比较擅长形象思维，语言表达能力优于男孩。

如果父母从性别角度出发，认真对待男孩女孩的不同，针对他们各自的特点采取相应的教育，那么，将会收到良好的效果。比如，意识到小学阶段的男孩发育较慢，家长可以降低期望值，不必要求男孩一定要和女孩一样出色，这样男孩的心理压力就会降低，也不会把学习与痛苦体验联系起来。

在教育子女的过程中，尊重他们的性别特质实际上是"因材施教"理念的一种延伸。但是，每个人又都是独一无二的，他们各有其特点，即使同是男孩子，也各有不同；因此，如果单纯因"性别"施教，可能会限制孩子潜在能力的发挥。

因此，我们对孩子的教育与培养，最重要的是要尊重孩子成长的步调，根据不同性别的不同生理、心理特点有侧重地挖掘孩子的潜能，进行有针对性的训练。从性别平等愿望出发，了解男孩女孩不同的立场、态度和观点及努力方向，是性别教育所不可或缺的。

最后，我们还要提醒父母的是，在尊重他们各自不同特质的同时，也不能把男女彻底分化，认为世界只能分为男女两部分，而造成教育从一个极端走向另一个极端。

善待另类的"窝囊男孩"

前面提到，男孩大多是地地道道的"小冒险王"，然而生活中并不是所有的男孩都是这样的，也有很多家长抱怨自己的男孩胆小、冷漠、孤独。

洋洋是个男孩子，但是他非常胆小：6岁时还不敢一个人睡觉，一定要妈妈陪在身边才能入睡；7岁的时候还不敢坐转椅，也不敢坐滑梯，他担心会从上面摔下来；9岁时，他还不能主动和别人打招呼，和大人说话时总是羞羞答答的；13岁时，他不敢和同学在一起玩爬梯，同学都笑话他；15岁时，他还不会骑自行车，担心会从车子上摔下来。

洋洋似乎比同龄的女孩还要胆小，他的父母很担心：一个小男孩怎么会那么胆小呢？

其实对于男孩而言，胆小并不意味着绝对的软弱，有的男孩会从其他方面找到自己释放能量的突破口，家长不必过多担心男孩的胆小。他们看似胆小的原因很有可能是没有发现让自己真正感兴趣的事情。

有个男孩，在妈妈眼里看上去很"窝囊"，他在与人交谈的时候表现得词不达意，而且常常面红耳赤；碰到老师不愿意打招呼，情愿绕道而行；在公共场合很少发言，即便是碰到了自己了解的话题，也轻易不发表言论；平时学习成绩挺好的，可是一到考试就砸锅……就是这样一个看上去很胆小怕事的男孩，后来迷上了玩滑板，他很喜欢在空旷的广场上驰骋的感觉。有一次，妈妈看到儿子站在滑板上飞驰的样子，第一次感觉到儿子居然这样帅气，妈妈又惊讶又惊喜，狠狠地夸奖了儿子。儿子得到了妈妈由衷的赞赏，对自己也燃起了信心，后来也就不再是个"窝囊"儿子了。

教育学家认为：男孩的这种"怪癖"，往往是由家庭因素引起的。如果父母之间的感情不和或者家庭遭受挫折，父母对孩子过于溺爱，都会使男孩变得"另类"。

富兰克林·罗斯福在8岁的时候看上去还很胆小，脸上总是露出恐惧的表情。每次上课遇到老师叫他回答问题，他就会双腿发抖，嘴唇颤抖不已。

童年时期的罗斯福极度地自尊和敏感，他回避社交活动，也不敢结交朋友。但是他有一点与众不同：他总是强迫自己和嘲笑他的人接触，强迫自己参加一些诸如打猎、赛马等激烈的活动。他试图努力改变自己，他咬紧自己的牙床使嘴唇不再颤抖、利用假期的时间到非洲追赶狮子，他想让自己变得强壮无比。

他没有因为自己的缺陷而气馁，而是不断奋斗。后来，很少有人知道他曾有过严重的缺陷，只知道他是美国历史上一位深得人心的总统。

罗斯福的经历说明：男孩子那些很要命的缺点，是完全可以通过后天的努力来改变的。父母更应该有信心帮助男孩克服胆小的缺点，让他成为一个有用的人。具体做法如下：

1. 鼓励男孩多参加一些具有挑战性的运动，把男孩置身于充满挑战的环境中，最容易让男孩学会挑战。

2. 引导男孩做好应对挫折的准备。鼓励男孩在遇到困难的时候尽量自己想办法解决。当然，父母还可以有意帮男孩设置一些"挫折"来考验男孩，但需要注意的是，应避免让男孩做他无能为力的事，而是尽可能地让他体验到成功的喜悦。

3. 如果男孩吃了苦，父母也不要表现得很心疼。因为物竞天择、适者生存，这是自然存在的规律。如果男孩没有吃苦的体验，也没有吃苦的精神，将来就很难应付挑战，也难以在激烈的竞争中获胜。

4. 培养男孩的意志力。坚持到底，才能获得最终的愉快体验，才能培养出坚强的意志力。

5. 不要剥夺男孩玩的权利。父母不要以为玩会耽误男孩的学习，实际上男孩在玩的过程中可以发挥自己的想象力，更容易激发他的创造力和学习能力。

6. 对男孩进行自我保护训练。教给男孩必要的安全知识，以备不时之需。

了解男孩才能教育男孩

"知己知彼，百战不殆"，这句军事名言在家庭教育中也同样适用。如果不能针对男孩的心理特点对其进行有针对性的教育，我们又如何能够帮助男孩呢？因此我们建议，父母要教育男孩，首先要进入男孩的世界。

当孩子遇到烦恼和问题向你倾诉时，你会怎么做？

传统的做法可能是：父母会倾听孩子的问题并给予忠告或者帮助孩子寻求解决的方法。但事实告诉我们，女孩和男孩在遇到烦恼或问题时，希望在父母身上得到的东西是不一样的。

男孩的生理心理机制决定了他们对问题的处理态度，他们不喜欢闲谈，而习惯于自己解决问题，他们觉得自己很强壮，独立性强，他们拒绝接受别人的帮助，坚持用自己的方法解决问题。因为男孩骨子里有一种理论："我自己可以做这件事，干吗牵连别人！"独立解决问题对男孩而言是一种能力的体现，他们喜欢享受问题解决后成功的感觉。因此，在男孩请求你的帮助前，千万不要擅自提供帮助，因为在他们看来，那不是对他们的爱而是你对他们的否定与控制，这对他们的自信和自尊将是一次沉重的打击。更严重的是，如果他们得到太多帮忙，就会失去力量与动力，容易变得懒散或没有安全感。这样，阳刚之气一点点地消失也就不足为奇了。

男孩天生喜欢独立解决问题，因此当他希望和你讨论问题或者请求你帮忙时，只能说明一个问题：他面临的问题已经不在他的能力范围之内了。这个时候，男孩的问题通常都是明确的，他们希望能在你这里得到明确的建议和帮助。

当男孩觉得被需要时，他会被激发，充满动力；如果让男孩感觉到你对他十分信任，又很满意他做的事，感激他的努力，他就会做得更好，而且会主动承担更多。

新加坡前总理李光耀的母亲就非常了解教育男孩的奥妙。李光耀的母亲从来没有把他当成一个孩子来看待，而是把他当成一个有思想、能独立思考的男人，并尝试着和他商量家里的事情，遇到大事时，还会首先征求他的意见，然后再仔细考虑做出决定。因此，李光耀在童年时期，就已经学会了独立思考和判断。

从政以后，李光耀表现出惊人的领导才能和判断、执行能力。李光耀个人认为，这些能力与幼年时母亲对自己的培养不无关系。

日常生活中，我们也可以设计一些小情节让男孩觉得自己是被需要的，比如，我们可以这样告诉男孩：

"你是男生，谦让女生是应该的。"

"爸爸今天要晚点儿回来，你要照顾好妈妈，保护好妈妈！"

另外，男孩有压力时，更需要安静。"他们还这么小，吃喝不愁，能有什么压力呢？"你是不是也有这样的疑惑？其实不然，人都会有不同的感受，虽然孩子现在还不用为生活发愁，但他们也有自己要追求的东西，有自己的生活圈子，他们或许因为学习而感到压力，或许因为和同学之间的关系而感到压力，或许因为老师的某句冷嘲热讽而感到压力，又或许因为自己身体的某种缺陷而感到压力。总之，当孩子感到自己有压力时，家长千万不能视而不见，而应根据不同的情况帮孩子缓解压力。

一般情况下，男孩不喜欢和别人谈论自己的生活和压力。因此，他们感到有压力时，就会变得更加沉默寡言。如果男孩愿意请求你帮助，你一定要给出某种建议。如果男孩不愿意你帮助他，你也可以采取一定的措施转移男孩的注意力，如陪男孩玩游戏或者爬山等较富有挑战性的事情。通过做这些事情男孩可以减轻压力、松弛身心，甚至忘掉他面对的难题。

走进男孩的世界，了解男孩的一般心理特征和行为特点，我们才能更好地对男孩进行指导和教育。

要尊重男孩自己的意愿

父母在教育孩子的过程中，往往容易陷入这样那样的误区：

其一，孩子是我的，我想怎么管就怎么管。

"养儿防老"这样的观念尽管已经很过时，但是很多人仍对此深信不疑，将养育孩子作为今后希求回报的依据。这种功利的想法，是对亲情极大的侮辱。爱之所以值得赞美，原因就在于爱是一种纯粹的不求回报的给予。有些父母将孩子视作自己的私产，觉得"既然是我的孩子，我想怎么管就怎么管"，完全无视孩子的感觉和承受能力。

其二，希望男孩按照自己规划的轨迹走下去。

失败的父母往往有一个共同的毛病，那就是喜欢按照自己的"好恶"来栽培子女，而恰恰是这一点显示出父母的眼界有多么的狭隘。现在，还有很多父母热衷于为孩子规划未来，告诉孩子考学去哪里，工作去哪里，甚至择偶都要一手包办。而这样只会让很多男孩按着既定的轨道走出平淡无奇的一生。

其三，向男孩宣誓自己的权威。

一个让父母们感到尴尬的事实就是，我们都明白"用暴力来制裁孩子是很无能的表现"，但是事实上，很多父母不可避免地喜欢用这样的方式来教育男孩，甚至久而久之会形成惯性。

作为家长，我们心中要明白，家长心目中的"好家长"和孩子心中的"好家长"往往存在着一定的距离。家长的喜好，孩子未必就喜欢。而孩子的喜好，家长往往不能接受。总而言之，也许男孩和父母在某些方面的观点会有所不同，所以作为父母，如果一味地要孩子坚持我们的观点，就很容易招来孩子的反感。明智的父母从来都不会将自己的观点强加于他人，若不是大是大非的问题，就可以顺着孩子的意思。

这一天虽然是个大晴天，但是斌斌却很想穿那双雨靴去幼儿园，妈妈感到很奇怪，又没有下雨，穿雨靴干吗？于是她没有同意，并把雨靴从斌斌的脚上脱了下来，斌斌有点儿不太情愿，不过还是依了妈妈的意思。

后来，斌斌的妈妈才想到，自己刚才为什么不考虑一下孩子为什么想穿雨靴呢？原来，斌斌非常喜欢妈妈给他买的新雨靴，很想向小伙伴们炫耀一下，仅此而已。想到这里，斌斌妈妈不禁笑了，想不到儿子还有这点儿小心思啊。

可见，我们并不完全了解自己的孩子，对于同样的一件事情，大人与孩子之间的评判标准并不一致。

当然，从父母的角度出发，他们有的时候会担心自己的孩子判断力不足，这也是人之常情。其实，父母未免有些多虑，我们完全没必要过于担心，因为每个孩子都需要经历一个选择与体会的过程，他们会从中领悟到各种各样的道理。

退一步说，即使孩子做出了错误的选择，且由此导致的后果较为严重，我们也要尽量使用平和的语气向孩子说明情况，让孩子充分理解，而不是没头没脑地训斥孩子。

作为父母，我们应该尽量向男孩传达这样的信息：

"爸爸妈妈是永远支持你的。"

"爸爸妈妈是你最有力的支柱和靠山。"

"爸爸妈妈是你最亲爱的亲人。"

作为父母，我们要赋予孩子一种力量，帮助他们在以后的道路上越走越好。

大包大揽培养不出自立的男孩

被喂养惯了的动物接受放养时，通常自己不会捕食。大自然的生存法则告诉我们：动物如果学不会自己捕食的话，就会被饿死。同样的道理，在父母的庇护下长大的孩子通常没有在社会上独自生存的能力。一旦父母由于一些原因无法顾及他们，他们就会被淘汰。

由于现在独生子女居多，几代人的关心与爱护都集中在一个孩子身上，家长会为孩子们铺路——替他穿衣，替他系鞋带，替他安排工作，替他迎接挑战，一次，两次……这些孩子长大后依赖心理严重，凡事都不想自己动脑筋，遇到事情首先就想到找人帮忙，而且这样的孩子惯于推卸责任，将来势必不为社会接受。

对儿童心理和脑力开发研究造诣颇深的日本杰出教育家多湖辉认为，增强孩子能力的最好办法，就是使父母成为"教育的实践者"。父母不仅要了解孩子独特的心理动态，而且应该针对不同孩子的个性特征，不断地在生活和学习实践中摸索了解教育孩子的方法。而要求孩子帮忙多做家务，对于孩子来说，会起到比课堂更有效的学习效果。因为这不但可以提高他们动手实践的能力，而且孩子在实际动手过程中必须学会安排计划，这就促使孩子将做家务活与学习时间调剂好，在做不同家务的同时，也培养了孩子的耐性和身体素质。

我国著名教育学家陈鹤琴先生曾说："凡儿童自己能够做到的，应该让他自己做；凡儿童自己能够想的，应该让他自己去想。"这是一句符合儿童成长规律的至理名言。其实，要让孩子脱离对别人的依赖，独立地发展和锻炼自己，并不是一件非常困难的事情。

有人说，中国孩子很累，中国父母更累。就像有的母亲所说："我一颗心都扑在孩子身上，可以说现在所做的一切都是为了孩子；只要孩子将来有出息，再苦再累我都愿意。"因为他们只有一个孩子，不想让孩子"输在起跑线上"……于是，家长们从孩子一出生就为他们设计好了人生。不幸的是，作为传承性很强的家庭教育，今天的父母并没有太多可以借鉴的经验。在这种情况下，父母为孩子设计好的人生计划，很有可能是自以为是的规划。孩子在成长的过程中，只能沿着这条道路前进，不能有"非分"之想。

著名的教育工作者孙云晓说："中国的父母正在辛辛苦苦地酝酿着孩子的悲剧命运，争分夺秒地制造着孩子的成长苦难。实际上，我们的父母在和自己作战，用自己的奋斗来击毁自己的目标。"

作为家长，我们诚然不希望看到这样的结果，那么怎样做才是正确的呢？

1.让孩子做力所能及的事情，培养孩子动手的习惯

家长不可能照顾孩子一辈子，因此从小就应该让他学做一些力所能及的事情，比如洗衣服、收拾文具、帮父母拖地、洗碗等。只有从小事做起，才能逐渐培养起他们独立自主的精神。

2.给孩子犯错误的机会，锻炼孩子的自立能力

要避免对孩子过度保护，我们首先应该充分尊重孩子的想法和意愿，放手让孩子自己拿主意。如果我们对孩子过度保护，因为怕孩子犯错，就一味地为他铺垫一切，事事拉着孩子的手，那么他在心理上永远都不可能长大。

第二章

父亲和儿子一同成长——做男孩真正需要的好爸爸

父爱：男孩不可或缺的爱

父爱与母爱不同

　　看到一条河流，男人注意到的是它的速度和水量，会目测它的深度，并猜想自己是否可以穿过它到达彼岸；而女人会注意那些愉快的浪花、晶莹的水滴，有的还会脱下鞋子跳进河里，顾不得水流里是否暗藏危险。这就是男人与女人的区别，因而我们常听说，"男人来自火星，女人来自金星"。

　　"男人来自火星，女人来自金星"，这个美国著名的畅销书作家约翰·格雷的经典命题，让人们开始注意到男女本身的不同。

　　小琛一家到郊区野餐，在爸爸的鼓励下，小琛开始寻找各种各样的小动物，并且捕捉他们，要带它们回家做标本。在看到一只野兔时，爸爸兴奋地大叫："快看，有一只野兔，可惜我们离它太远了，不然我们一定将它抓住，做一顿美味的野兔大餐。"听到爸爸的话，小琛也开始紧紧盯着那只兔子，目光中充满征服的欲望。

午餐的时候，小琛把他们看见野兔的经历讲给妈妈听，语气中满是遗憾，没想到妈妈却说："为什么要吃掉那只兔子呢？也许他们也是一家人出来晒太阳，享受今天的好天气呢。你想想，要是有人把你带走，爸爸妈妈该多么难过，同样的道理，我们怎么能从野兔的家庭里夺走一个成员，更别说要残忍地吃掉它了。"

男人的攻击性和女人的多愁善感，让爸爸妈妈对孩子有截然不同的要求，而这也让孩子掉进一个矛盾的思维世界，由于没有思维判断的能力，孩子可能会依据自己平时的亲疏感来决定相信谁的说法，如果孩子一直崇拜爸爸，那么妈妈的主张就可能被抛在脑后了。这样的情况时有发生，一方面，可能会激发孩子自己去思考辨别；另一方面，也可能让孩子莫衷一是。

怎样的教育才不会前后矛盾，让孩子有一个学习的标准呢？这里，也同样需要依据爸爸妈妈自身的性别特质来教养孩子。

爸爸可以发挥自己身上本来的健壮、理性、创新的特质，让孩子在生活中体会到主见、责任和原则。这些抽象的概念本身是很难对孩子有所启发的，但是通过父亲示范，孩子会将这些优秀的品质和人生必备的智慧，自然地纳入自己的思维世界中，形成一个大体的框架。

小雨的爸爸常常自己钻研新东西，并且邀请小雨作为自己的搭档。面对一些看不懂的术语或单词，两个人就猜测着它可能的含义。有英语基础的小雨教爸爸如何使用在线翻译软件，他自己的英语学习积极性也得到了大大地提高。邻居遇到一些常见的问题，小雨爸爸也是毫不犹豫地出手相助。正是这些点点滴滴，促进了他的男儿本色的养成。

妈妈也同样可以将自己最温柔、秀美的一面展示给孩子，妈妈是孩子最信赖的朋友，也是他日常生活中最为亲密的人，再没有谁比妈妈更适合教会孩子如何与人接触，因为他会将妈妈对待他的方式，运用到对待他人的过程之中。

小雨的妈妈，在生活中勤劳、节俭。对于有困难的人，她从不简单地施舍，而是照顾别人的感受，想方设法给别人恰当的帮助。和小雨说话时，妈妈从来不会一副心不在焉的样子。她还向小雨学习上网、聊天，并且学会了使用五笔打字，母子之间的感情变得更加融洽了。

父亲是孩子眼中的超人

父母需要学习更符合自己性别特质的教养智慧，在我们传统的中国人眼中，父亲就是整个家庭的主心骨，他是家庭经济上的主要来源，也是全家重要事情的决策者。父亲在孩子的眼中，常常是一个无所不能的"超人"角色。

"父亲"对孩子来说究竟意味着什么？经过大量的调查研究，育儿专家给"父亲"这个角色提出如下几个方面的建议：

1. 父亲是孩子游戏的重要伙伴，孩子需要在游戏中成长

组织一次家庭野餐，父亲常常会带着孩子上山采果、下河摸鱼。在孩子看来，唯有父亲能陪他完成这次冒险，并且会在危难的时候帮助他。即使在家里，父亲也常常会把孩子举到肩上，来回旋转，或抛向天空。这些动作常有一定的危险性，但父亲的大手和力量可

以让孩子感受到刺激与安全，令孩子们快乐地"咯咯"大笑。

在婴儿 20 个月前，父亲是孩子的基本游戏伙伴，20 个月的婴儿对父亲的游戏明显地感兴趣，反应积极。30 个月以后，父亲则成为主要的游戏伙伴，这时的婴儿能兴奋、激动、投入、亲近、合作而有兴致地和父亲一起游戏，他们会把父亲作为第一游戏伙伴来选择。

2. 父亲能帮助孩子形成积极个性品质，培养孩子的正面情绪

在现代社会，男性的独立、自主、坚强、果断、自信、与人合作、有进取心等是富有创业精神的一代人积极学习的精神。父亲正是促进孩子形成积极个性的关键因素。理想的父亲通常具有独立、自信、自主、坚毅、勇敢、果断、坚强、敢于冒险、勇于克服困难、富有进取心、富有合作精神、热情、外向、开朗、大方、宽厚等个性特征。

孩子在与父亲的互动中，一方面，接受父亲的影响并且不知不觉地学习、模仿；另一方面，父亲也自觉、不自觉地要求孩子具有以上特征。如果孩子在 5 岁前失去父亲，对他的个性发展会非常不利。孩子年龄越小，对他的影响越大。没有父亲的孩子缺少克服困难的勇气，具有较强的依赖性，缺乏自信、进取心，同时在控制冲动和道德品质发展上也有不利的影响。

3. 父亲能提高孩子的社交技能，让孩子今后成为乐于协作的人

父亲是保持家庭与外部社会联系的"外交官"，对孩子社交需要的满足、社交技能的提高具有极其重要的作用。随着孩子长大，他与外界交往的需要日益增多，父亲作为孩子重要的游戏伙伴，扩大了孩子的社交范围，丰富了孩子的社交内容，满足了孩子的社交需要。

同时，父亲和孩子的交往可使孩子掌握更多、更丰富的社交经

验，掌握更多、更成熟的社交技能。若孩子在和父亲的游戏中反应积极、活跃，那他在和同伴的交往中也较受欢迎。因为父亲影响了他的交往态度，使他喜欢交往，在交往中更加积极、主动、自信、活跃。

4. 父亲能使孩子的性别角色正常发展，让男孩更坚强

社会处处存在性别暗示，即使是给孩子的玩具，也会有"男孩的"与"女孩的"分别。在儿童性别角色发展中，不论是对男孩还是对女孩，父亲的作用似乎更大一些。孩子在与父亲的游戏中渐渐意识到自己的性别身份：父亲常常和男孩打闹，称他为"男子汉""哥们儿"，却对女孩非常温柔，抚摸她的小脸蛋，称她为"小公主"。

5. 父亲能促进孩子的认知发展，提高孩子的智商和情商

由于父亲在性格、能力等方面的独特特点，特别是父亲与孩子在交往上的独特性，使孩子从母亲和父亲那儿得到的认知上的收获是不完全相同的。从母亲那儿，孩子可以学到更多语言、日常生活知识、物体用途、玩具的一般使用方法等。从父亲那儿，则可以学到更丰富、广阔的知识，比如认识自然、社会的知识，并通过操作、探索、花样繁多的活动、玩法，逐步培养动手操作能力、探索精神，从中，孩子的想象力受到刺激、变得丰富，并愿意动脑、有创造意识，他们的求知欲和好奇心也会同步发展。

孩子将来在社会生活中需要的知识、沟通技巧都受到父亲的影响，而且这种影响力是持久的、牢固的。没有父亲的男孩，常常感到不安、自卑，也不愿意与他人交流，生活在压力之中。正是父亲为孩子的成长撑起了一片天空，在他还没有能力经受风雨的时候，给他时间成长筋骨、养精蓄锐。父亲是世界上最重要的角色，认识

到这一点，对每一个父亲来说，既是重要的责任，也是迈向成功教育的第一步。

父亲性格决定男孩性格

播种性格，收获习惯；播种习惯，收获命运。性格决定命运已经不是新鲜的话题，但谁更能影响孩子的性格呢？答案就是父亲。

学前教育专家说：对孩子而言，爸爸意味着安全和自信。幼儿园有一种户外活动器材，在爸爸妈妈接孩子回家时，经常会有孩子爬到上面下不来，害怕地叫爸爸或妈妈。妈妈听到叫声后总是急急忙忙把孩子抱下来，宝宝长宝宝短地哄着。而爸爸听到叫声后往往对孩子说，你自己下来！能上去就能下来。生活中的妈妈一般较爸爸胆小、感情丰富，容易被电视剧或者身边人的故事打动，所以在这一方面，爸爸更容易影响孩子形成勇敢的品质，这一点对男孩来说很重要。

这位教育专家还说："如果我办幼儿园，我会隔一段时间就请一位男老师（或爸爸）来给孩子们上课。"幼儿园女教师居多，不利于男孩的成长，也不利于女孩完整个性的形成。男性能展示给孩子勇敢、自信、安全、坚毅、强悍的性格特征，孩子的性格形成，与父母的个性影响有很大关系，而爸爸的影响力比妈妈更大。

爸爸同子女的关系愈健全，子女应对社会压力的能力也愈大。曾有一对夫妻在阳台上看见儿子与别人打架，这位爸爸在阳台上大声喊道："打得过就打，打不过就跑。"一句话提醒了儿子，儿子本无心恋战，所以一溜烟儿跑回了家。妈妈就容易指责自己的孩子或指责别人的孩子，把本该结束的事件延续。这就是一个很典型的性别影响性格的案例。

在培养孩子的性格上，父亲不仅需要具备探求新知的好奇心，也需要思考辨别生活中的常规，勇于尝试、勇于挑战，为孩子的成长创造更加适合的条件和土壤。

父爱对孩子来说，另一个重要的影响就是让孩子形成正确的性别意识。每个爸爸都有自己的教养哲学，但永远都在儿子与女儿两种世界里变化。男孩和女孩对同一信息会有不同的理解，这种差异的原理在于生理上的不同，男孩注重逻辑，女孩思维比较发散，因而父亲对男孩和女孩的影响也是不同的，在男孩的世界里，父亲是超级英雄，是力量和权威的象征；在女孩的世界里，父亲则是依靠和信赖的对象，是女孩的第一个异性朋友。

父亲积极地和孩子交往，有助于孩子对男性、女性的作用与态度有一个积极、适当而灵活的理解。研究表明，男孩在 4 岁前失去父亲，会使他们缺乏攻击性，在性别角色中倾向于女性化的表现——喜欢非身体性的、非竞赛性的活动，如看书、看电视、听故事、猜谜语等。

男性向往权利，即使在父亲与儿子之间也是如此。男孩子向往与父亲之间是相互尊重、相互配合的关系，当他发现自己被当成一个男子汉来对待的时候，他会感到自己的存在价值。

男孩的心里有强烈的自我独立感，他们不希望被指挥，当他们向父亲诉说种种不愉快的事情时，也许并不是在寻求答案，而只是想抒发一下感情，怎样做他们已经知道。因此父亲不要急于给儿子一些建议，这是男孩成长的时间，他们在运用自己的能力摆平问题，父亲只需要鼓励他、相信他。这样有助于提醒他：你是一个男子汉，我相信你自己能解决问题。

如果一个男孩子在遇到困难的时候，还哭哭啼啼地找爸爸来帮忙，这时爸爸就应该好好反思一下自己对待男子汉的方式了，是不是不太信任他？是不是总觉得他还只是一个孩子？如果你想培养一个勇敢的男子汉，那就抛弃过多的爱，放开孩子的手脚让他成长。

缺少父爱是男孩的情感缺憾

家庭教育中，父亲对孩子的影响是母亲所无法替代的。父亲早期教育的参与能够更好地培养孩子许多优秀的品质，会更好地促进孩子身体、智能以及性格的发展。

有一次，一位美国教师在演讲会上，提供了许多协助儿童克服惧怕的方法，并一一举例说明，引起听众强烈的回响。会后，有几位听众问道："父亲不尽责所造成的不安全感，对孩子的影响究竟有多大？"

教师解释道："就我的经验和观察，那些缺乏父亲照料的孩子，如果母亲或其他家人不能提供安全的爱，孩子较易自暴自弃，沉沦于玩乐游荡而不能自拔，甚至犯罪。"

"怎样才能补救呢？"

"我遇到过许多这类个案，发现他们所需要的不是专业辅导，而是一个关心他们、了解他们、肯花时间陪他们的父亲。他们需要的也不是心理医生，而是一个他信任和尊敬的男人。因此，要唤醒那些不尽责的父亲，把他们从麻将桌上请回家，从灯红酒绿中请回家，从超工时的工厂和办公室里请回家。要他们尽一份应尽的天职，做一件非做不可的良心事。因为孩子需要他的爱、陪伴和支持。否则，他们将会在自己的人生中留下'失职的父亲'的罪恶！"

"如果找不回来呢？或者他没有父亲呢？"

"找一个能代替失职（或缺席）父亲的人，也许是老师，也许是一位有爱心的义工或辅导员，给他关怀、支持和安全感。"

父母的爱对孩子的影响是不同的，也是一样重要的。尽责的父亲更能给孩子安全感和自尊，这能使孩子自爱和自重。想想你作为一名父亲，尽到了应尽的责任、付出了更多爱吗？你是否经常忙于事业工作上的应酬，而无暇陪伴孩子？

你错过了许多孩子成长过程中令人难忘的、具有纪念意义的瞬间，比如第一次说话、第一次走路等。

幼儿心理学家格塞尔曾指出："失去父爱是人类感情发展的一种缺陷和不平衡。"心理学家和社会学家所做的大量调查表明：没有父爱的家庭会严重影响孩子的身心健康，造成孩子性格、心理的缺陷。所以，让孩子感受到父亲的存在，体会到父亲对自己的爱，其意义在于使孩子有一种心理寄托，获得安全感，从而健康地成长。

心理学家和教育家都指出，在孩子成长中，父母因性别角色、社会分工、家庭分工的不同，应各自运用不同的教育方式担负起不同的教育任务。一般来说，母亲偏重于生活和情感，父亲偏重于精神和心理；母亲强调稳定，父亲强调创新发展；母亲传递着细腻、呵护、富有同情心等阴柔的一面，父亲传递给孩子的是坚强、勇敢、承受力强等阳刚之气。两者相辅相成，共同作用，才能造就孩子健全的心理。相反，如果过分地强化或弱化某一方面，都将影响孩子的心理成熟和性格完善。对于孩子而言，父亲既是教育者，又是纪律执行者、社会化指导者。在很多家庭中，父亲一般比母亲的受教育程度高，接触社会广，在家庭的重大问题决策上，更具权威，如果父亲将孩子的健康成长时刻放在心上，就更利于培养出孩子适应社会所需的性格特点。此外，父亲的严格要求，以及父亲对事业的执着态度，对孩子的一生，将有不可估量的影响。

有一位父亲，下班后常带儿子玩各种游戏，教孩子做一些简单的玩具，拆拆装装，耐心回答孩子提出的各种问题，或者带孩子到户外捉蚂蚱、知了。孩子5岁时活泼可爱，口齿伶俐，遇事反应灵敏，喜欢自己动手做些小玩意儿。而另一位父亲，不关心孩子，下班回家后只顾自己看电视，或找人下棋、聊天、谈生意、炒股票，很少与孩子交往，似乎孩子并不存在。为此，夫妻俩经常吵架、怄气。孩子在这样的环境中，形成了懦弱、胆小、没有创造性、爱哭的个性。

美国教育家杜布森最信奉这样一句话："让一个男孩和一个合适的男人在一起，这个男孩永远不会走上邪路。"所以，他送给天下的父亲们这样一句话："没有哪个男人比蹲下去帮助孩子的时候站得高。"

总之，强化父爱在培养孩子的健全心理方面、在孩子健康成长的过程中至关重要。这一作用正是母爱所不能替代的。

当然，必须强调的一点是，强化父爱，并非是要削弱母爱，淡化母亲的职责。相反，父亲和母亲都应该发挥各自的性别优势，让孩子既从母亲那里得到爱抚，学会具有同情心，又在父亲那里养成坚毅的品格。这一切对孩子来说，是必不可少的。

做有远见卓识的好爸爸

心有多大，舞台就有多大。心中的梦想决定着人生的成就。志存高远，执着追求，是一切成功者的共同特征。如果想培养出一个优秀的男孩，就要让他们从小树立远大梦想。

放眼古今中外，无数杰出人士都具有远大的梦想。汉代司马迁一生著《史记》，"欲究天人之际，成一家之言"；鲁迅"横眉冷对千夫指，俯首甘为孺子牛"，用一支笔为同胞呐喊终生。

梦想有多大，人生的成就就有多大。家长在教育男孩的时候，要鼓励他们树立梦想，不要轻易打碎他们的梦想。

一位成功人士在回忆他的经历时颇有感慨地说："小学六年级的时候，我考试得了全班第一名，出于奖励，老师送我一本世界地图，我真的特别高兴和兴奋，跑回家就开始认真地看这本世界地图。很不幸，那天轮到我为家人烧洗澡水。于是，我就一边烧水，一边在灶边看地图。看到一张埃及地图，想到埃及一定是一个令人向往的神秘世界。埃及有金字塔，有埃及艳后，有尼罗河，有法老王，还有很多令人着迷的东西，心想长大以后有机会我一定要去埃及，去体味一下那里的神奇和美妙。

"正当我看得入神的时候，有人突然进来怒气冲冲地对我说：'你在干什么？'我猛地抬头一看，原来是爸爸，我理直气壮地说：'我在看地图！'爸爸很生气，说：'火都熄了，看什么地图！'我继续有恃无恐地大声说：'我在看埃及的地图。'爸爸跑过来'啪、啪'给了我两个耳光，然后愤怒地说：'赶快生火！看什么埃及地图。'打完后，还踢了我屁股一脚，把我踢到了火炉旁边，用很严肃的表情跟我讲：'我向你保证！你这辈子都不可能到那么遥远的地方去！赶快生火！整天想入非非，你以为想怎么样就能怎么样呀？'

"我当时看着我爸爸，呆住了，心想：'他怎么给我这么奇怪的保证？我这一生真的不可能去埃及吗？'他的保证一直萦绕在我的耳边，伴随着我成长。但是，我从来没有放弃过去埃及的梦想。20 年后，我第一次出国就去了埃及，我的朋友都问我：'到埃及干什么？'我说：'因为我的生命不要被保证。'于是，我就自己跑到埃及旅行。

"有一天，我坐在金字塔前面的台阶上，寄了张明信片给我爸爸。我这样写道：'亲爱的爸爸，我现在在埃及的金字塔前面给你写信，记得小时候，你打了我两个耳光，还踢了我一脚，保证我不能到这么远的地方来，现在我就坐在这里——埃及金字塔前面给你写信。'写的时候我感触颇深。爸爸收到明信片时跟我妈妈说：'哦！这是哪一次打的，怎么那么有效？一脚踢到埃及去了。'"

作为男孩，有自己的梦想是很难得的，我们做家长的在家庭教育中千万不要像上文中的父亲那样，扼杀孩子的梦。我们要做呵护孩子梦想的父母，在日常生活中要时时鼓励孩子树立远大的梦想，还要让他们知道要想实现自己的理想，就应当注重行动，在行动中去实现自己的梦想。

好爸爸不该做的事

高压独裁的"一言堂"

"独裁爸爸"并不是一个新鲜词汇，虽然我们看到了像漫画家朱德庸、作家周德东那样的"民主爸爸"，但他们毕竟是少数，绝大多数父亲还是在想着怎样把控好自己的家庭，怎样维护自己的尊严和权威，似乎一个男人在家里不能发号施令便是一种耻辱一样。在这种独裁作风下，是否真的建立了父亲的权威呢？一个在"独裁爸爸"膝下长大的优秀男孩的回答是：不能。

小时候，我成绩优异，一直担任班干部；初中时，我的征文屡屡得奖，然后我考上了最好的高中，接着考上了不错的大学，年年拿奖学金，当了团支书，入了党……我妈说我让爸爸很有面子，但爸爸似乎从来没有真正关心过我。

我从小被要求要出类拔萃、做这做那，一直到现在。我不想让父母失望，也从没让他们失望过。但我感觉自己就像一棵果树，被浇了养料，然后被期望着结出累累硕果，果实被摘下后换成金钱。他投资，我产出。过程中是他不断要求，而不是一个爸爸对儿子的爱。

我现在交的女友，不是那种有钱有势人家的女儿，也没有特别好的容貌，但我们真心喜欢对方。可我爸爸却说，如果我们在一起就跟我断绝父子关系……

从我记事以来，爸爸从来没有去学校接过我，记得有一天下很大的雨，很多人都是父母接回去的，我给爸爸打了个电话，本来是想说我等雨小点儿了再回去的，但我还没有开口，他就说自己是不会来接我的。那一次我自己淋雨回到了家里，哭了很久。

读完这个男孩的故事，也许你会觉得这并不能说明爸爸不爱他，只是不懂得表达爱，但我们都能感受到男孩内心的凄凉和怨恨。可能很多父亲一直在要求孩子做这做那，一心想着为孩子好，但从来没有想过孩子的感受。

"他投资，我产出"，父亲和儿子之间竟然就是这么简单的投资关系，父亲的权威、尊严、魅力等，也就无从说起了。

其实大多数高压独裁的家庭培养出来的孩子都有心理障碍。让孩子走父亲决定的路，还需要看一看孩子是否能承受这份压力。如果父亲给孩子的压力过大，可能会引发孩子的心理问题。

张亮亮的父亲是一名军人，也是研究生，39岁读了博士，后来在一家医院当医生，同时也是博导，是家庭里面的榜样。他对自己的优秀直言不讳，毫不客气地对儿子张亮亮说："你这辈子永远不可能达到我的高度，更不可能超过我。"

张亮亮的母亲对张亮亮打小就十分呵护，据说张亮亮小时候吃饭的碗都是用高温消毒的。母亲很重视对他的教育，但和很多家长一样，希望他自立的同时很多事情又替他代理，以至于没有让他经过什么磨炼。

优秀的父母自然让他产生压力，张亮亮说："父亲不给我压力，但他看不起我，不认可我做的事。母亲很关爱我，通过关爱的方式给我压力，一会儿希望我申请耶鲁、哈佛，一会儿又说申请到哪个学校也没关系，这对我是莫大的折磨。每次都是这样，我总是希望母亲打电话只询问生活上的情况就好，因为出国的事情她不懂，给她解释她也不一定明白，还会大声跟我说话。"

在父母的压力之下，张亮亮在各方面也力求上进，上研究生后，一年半内，张亮亮拿到了托福、雅思，以及高级口译、北美精算师四个证书。一年看了 17 本很厚的专业原版课程，还竞选了系里宣传部部长。他还担任了复旦日月光华三个版面的版主，并申请了 30 多所国外大学，专业方向也不尽相同。

但是他压力很大。不断地自我苛求之下，张亮亮在宿舍饲养了宠物，并在饲养过程中将一些宠物猫误伤致残后丢弃，发生了之后的"虐猫事件"。复旦大学给张亮亮严重警告处分，同时劝他休学一年，接受学校专门安排的心理辅导。

一个处处看起来都很优秀的复旦才子，私下却是一个内心忧郁几近残暴的人，他对猫的虐待其实不过是在发泄自己心中的愤怒，这些愤怒正是来自家庭的压力，来自爸爸那句伤人的话——"你永远也不可能超过我。"

只会用金钱爱孩子

每逢暑假，很多孩子都会回到爷爷奶奶家住几天，一则给老人的生活增添一些快乐，二则也给年轻的父母们放放假。但孩子回老家对老人来说不亚于一场"接驾"，孩子身上很多平时隐藏的问题这时候也都露出了尾巴。相信很多人对下面这位父亲的经历一定不陌生：

"王鑫在家一直很乖，我和爱人对他很满意，也总是处处让他生活得无忧无虑的。暑假到了，王鑫到奶奶家住了一周，马上开始难以伺候了。

"奶奶做鱼给他吃，他不肯吃，说要吃海鱼；买回鳊鱼来，他还是不愿意吃，说那个也不是海鱼；带他出去吃热干面，上面有葱不吃，沾了酱也不吃；做西红柿鸡蛋汤，他嫌里面没有肉。奶奶生气地说，要把他送回来，他又说要过完暑假再回。

"一个暑假下来，奶奶都瘦了一圈。我接孩子的时候看到老母亲受苦，才意识到自己平时教育孩子出现了问题。

"平时王鑫只要想吃什么，妈妈马上就去买了做。想看最新的电影首映，不论多贵一定会看到。他的玩具也总是紧跟潮流，图书漫画更是常换常新。和其他孩子比起来，王鑫知道的东西的确要多一些，但是他明显没有别的孩子'懂事'，只要是自己想要的东西，一定会想办法弄到手，否则就不依不饶的，让别人拿他没办法。"

不懂得照顾别人，崇拜名牌和时尚是现代独生子女的通病。他们以自我为中心，在今后的人际交往中会受到很多打击：首先是发现自己不再是主角了，会失落；其次是因为自己的自我中心，会招来别人的厌恶。爸爸们用金钱来满足孩子，结果宠出来这样的刁蛮少爷。所以父亲最好能够在孩子还小的时候就让他知道，自己不是世界的中心，自己想要的东西也需要经过劳动或者等待才能获得。

我们常常对孩子说"吃得苦中苦，方为人上人"。但很多人在落实到行动的时候，又免不了会给孩子打折，真正"非宠主义"的父母还是很少。爸爸能够给孩子的最好礼物，不是限量版的耐克或高级玩具车，而是一个在保护中让他前进、尝试的环境。用金钱来奖励，其实是扼杀了孩子的尝试机会，让一切想要的东西都变得简单、唾手可得。他们就会失去支配自己生活的能力，失去教育自己、锻炼自己的意识。

"我自己上学去。""不行，路上不安全，我还是送你吧。""我自己选衣服。""不行，爸爸帮你选最好最贵的。"……其实很多次都是孩子在主动要求锻炼，却被爸爸挡了回去。很少有爸爸能一边保护着孩子，一边又让他自己去尝试。

很多爸爸努力挣钱养家，但忽略了很根本的一点——孩子的成长不仅需要物质上的保证，还需要很多的心灵体验——酸甜苦辣、悲欢荣辱，这些才是培养一颗健康心灵必需的营养，而金钱带来的快乐仅仅是其中的一种。

2009年盛夏的成都，26辆法拉利、玛莎拉蒂等豪华跑车因车主涉嫌超速行驶，在成南高速被警方拦下，被网友称为"华丽丽"的照片传遍网络；第二天，备受争议的26辆豪华跑车再次出现在成灌高速，仅用13分钟就跑完了45公里的路程，平均时速210公里。据报道，这些跑车来自中国的五湖四海，车主们是清一色的"富二代"。

另有新闻报道：重庆江北茂业百货里，一个家境富裕的高干子弟持双刀杀死了自己穷追无果的一个女大学生。南方沿海地区，19岁的女孩小肖牙龈被撕裂，整排牙齿松动，右下颌骨骨折，也只是因为拒绝了一个"富二代"王某。

上述这些"富二代"的作为，已经成为新时代纨绔子弟的代表。毫无疑问，那些富二代的生活中并不缺少金钱，但是很明显，他们的生活中缺少严厉的管教。

财富可以带来个人的成就感和事业，但是在教育面前，财富也无能为力，甚至会帮倒忙，会让孩子的劣行更大程度地"施展"，祸害社会。

没钱的爸爸不一定就是失败的，有钱的爸爸不一定就是成功的。甚至，有钱也未必能成为教育上的优势。要当好爸爸，与其让孩子衣食无忧，不如让他们懂得为人处世的最基本道理。而令人担忧的是，这些道理，很多富爸爸们却以为有钱就可以熏陶出来。

在家庭教育上，没有贫富之分，只有方法好坏之别。不会爱的爸爸，上亿家产可能把孩子压出心病；会爱的爸爸，兜里只有一元钱，也能给孩子换来一次开心、满足的欢笑。

教育不是拿学费这么简单的事情，如果爸爸把给孩子提供物质条件当成自己在教育孩子的过程中需要扮演的角色，那孩子不仅很难对父亲怀一颗感恩之心，还会忽略掉别人为自己做的事情，走向一个唯我独尊的"旋涡"里。用金钱爱孩子，要有多少金钱才能体现出父亲的爱呢？这个问题没有答案，因为金钱是无法代替父爱的。

在孩子面前相互否定

很多父母都想尽心尽力地教好孩子，但是如果夫妻之间教育孩子的态度不统一，或者双方的配合不到位，就会很影响教育效果。

宁宁发现妈妈总是对爸爸不满意，经常听到妈妈的抱怨声，为什么呢？因为爸爸工作忙，总是照顾不到家里，妈妈一个人忙里忙外，爸爸无法帮助她。这一天，宁宁的妈妈又开始唠叨了："唉，看看你这个爸爸呀，一天到晚不回家，屋里屋外全都是我一个人忙来忙去！"宁宁听到这样的话，就很懂事地说："妈妈，我来帮你做。"而妈妈却说："你还在念书，你现在的任务是把书读好，其他的杂事不要你来操心。"宁宁听话地点点头，就进屋学习去了，以后也就再也不帮妈妈做家事了。

曾经有一位教育专家提到这个故事，打趣地说："这个妈妈整天在抱怨先生，却从来不让自己的儿子树立做家事的概念，恐怕以后还会有一个女人像她一样受罪。"

妈妈在孩子面前抱怨爸爸，这样的做法弊端相当大，抱怨不仅不能解决任何问题，而且还不利于在孩子面前帮爸爸树立威严。相反，下面这个家庭的做法则很值得提倡。

玲玲的爸爸经常在妈妈不在家的时候对玲玲说："孩子，你妈妈为了你很不容易啊。你出生之前一直在妈妈肚子里十个月，这十个月妈妈很辛苦。后来妈妈为了照顾你，不得不把原本很好的工作辞掉了。每一次你生病的时候，妈妈晚上总是睡不好……"玲玲瞪大了眼睛，这些事情如果不是爸爸跟她讲，她是不会知道的。

这一家每天晚上总是一起共进晚餐。有一次爸爸下班回家有点儿晚，玲玲饿了很想先吃饭，妈妈却对她说："我们一起等爸爸回来吃饭好不好？爸爸每天在外面工作一整天很辛苦，如果没有爸爸的辛勤劳动，我们就不会有这样安稳的生活，家里优越的物质条件都是爸爸给我们创造的。"玲玲一听，就坚持要等爸爸回家一起吃饭。

父母双方先配合好，才会让孩子感受到家里浓浓的亲情，令孩子更爱自己的爸爸妈妈。这就很需要夫妻双方的配合。"儿子，爸爸天天在外赚钱很辛苦，所以你今后要好好孝顺你爸爸"，这样的话，一般来说爸爸是不好意思对儿子说出口的。但如果能通过妈妈的口说出来，孩子既能感受到爸爸为家庭的牺牲，也能感受到一家人相互之间的欣赏和肯定。所以通过父母双方的配合，这个问题才能很顺利地解决。如果父母之间没有配合好，就算是用更多的心思来教育孩子，效果也不会太理想。

同样的道理，不仅父母双方之间要如此配合，而且家长和老师之间也要如此配合，做家长的千万不能在孩子面前说老师的坏话。

咄咄逼人的"强势爸爸"

到了当家长的阶段，最头疼的莫过于不知道该怎么教育男孩。有些教育专家在研究过程中发现了这样的问题：一些从事教师、军人、法官、警察等职业的父母，他们的男孩更容易在交流上发生障碍，这是为什么呢？

这一类家长被称为"强势家长"，他们的社会地位相对较高，对社会的责任感也比较强烈，在工作中更是一丝不苟，所以在教育男孩的过程中也流露出了明显的职业色彩，明显地表现为"眼睛里容不下一粒沙子"，一旦发现了男孩的小失误和小问题，就比较容易把问题严重化、扩大化。

还有家长是属于"吹毛求疵"的类型，他们习惯于严厉地要求男孩，不容男孩犯一点儿错误。这样的家长所教育出来的男孩有两种典型的表现：一种就是绝对服从型，男孩会表现得胆小怕事，丧失了独立生活的能力，没有一丝主见，甚至连穿什么衣服、买什么样的早点吃都没有主意；另一种就是直面对抗型的，这样的男孩会表现出强烈的逆反心理，会产生明显的对立行为，甚至会离家出走，或者流连于网吧。有一位警察的儿子曾经很坦诚地跟老师讲："我爸对我严厉的时候，总是用那种盯犯罪分子的眼神，我能不痛苦吗？"

由于家长在教育男孩的时候带出了明显的强势，那种很强烈的表达方式往往流露出了对男孩的不尊敬，与男孩的敏感心理产生了冲突。作为家长，长期以来习惯把职业心态带回家，以不平等的姿态与孩子交谈，没有体会到男孩的内心感受，而是让孩子毫无反抗地服从命令指挥。这种做法会为家庭的教育布下重重障碍。

作为父亲，强势的方式、强势的力度、强势的状态都会给男孩造成很大的影响。父亲和男孩之间犹如一对齿轮，一方强则另一方弱，通常会造成以下三种结果：

第一种是男孩比父亲更强的"超越式"。这一种情况出现的原因是男孩希望像父母一样出色，于是就很争强好胜，有时会比父亲更加优秀，即"老子英雄儿好汉"。在国外著名的例子有老布什和小布什，在国内著名的例子有姚明，他的父母都是很优秀的篮球运动员，姚明之所以能成为世界级明星，有一方面是来自对于超越父母的挑战心理。

第二种是过于依靠父亲保护的"依赖式"。家长太强了，或者是过于保护以致制约了男孩的个性发展，这样的家长带出来的孩子要么性格比较懦弱，要么依赖性很强，属于对父亲的绝对服从型。很多强势的父亲，他们的男孩都很弱势，表现出腼腆、胆小、不自信等。古语所说的"富不及三代""寒门出孝子，白屋出公卿"，都有这样的因素在里面。

第三种是男孩通过自己而走出成就的"奋发式"。家长不是很强势，甚至是弱势，但是他们的男孩却很有责任感。比如媒体报道的道德人物：背着母亲上学的当代孝子张尚昀、带着妹妹上大学的洪战辉、航天英雄费俊龙、奥运冠军刘翔等人，都是典型的例子。他们都是出生在普通人家，从小没有被娇生惯养，却活出了自己的精彩。

作为家长，在教育男孩的过程中最好不要过于强势，这样才会给男孩留有足够的发展空间。家长应该以一种宽容的心态来审视男孩在成长过程中暴露出来的各种问题，自己主动放下架子，和男孩交朋友，这样家庭的民主氛围就会增强，男孩也不会抵触和父母进行交流，许多问题就可以迎刃而解。

一位各方面很不错的高一男孩，在他16岁的时候认真地与同班一位女孩相恋了，男孩的父亲与他进行了一次属于两个男人间的谈话。

父：儿子，你是不是觉得她是最好的女孩？

子：我觉得我认识的女孩里她最可爱。

父：爸爸相信你的眼光。但是，你才上高一，你认识的女孩有多少？

子：我心里只有她。

父：你说你要上大学，将来还要出国深造，想成为一名律师或金融家。你知道你将来会遇上多少好女孩吗？爸爸并不反对你现在谈女朋友，但是，爸爸最反感的是见异思迁。这个女孩是你到目前为止认识的最好的女孩，可是你将来会有更多的机会，到那时你该怎么办？你会不会后悔？

子：可是，现在让我离开她，我很痛苦。

父：你初三时买的"随身听"呢？

子：前两天，您给我买了个高级的，我觉得音质比原来那个好，就把旧的送人了。

父：这就叫一山更比一山高。如果你能把握好每一个属于你的机会，你以后的成就只会比今天大，你面对的世界也只会比今天更广阔，到时候你的选择只会比今天更多，更适合你。如果你现在与这个女孩真有那份情缘，到时候再让它开花结果会更好。儿子，一个人一生不可能不做些让自己后悔的事，但是，人生大事只有几件，后悔了，就会遗憾终生。

子：爸爸，我懂了……

从此以后，男孩把对女孩的特殊感情深埋心底，生命的乐章却弹奏得更欢快了。他明白，即使爱的种子发芽了，也没有机会长成参天大树，更不可能结出甜美的果实。而在这之前，自己只能做一个默默耕耘的农夫，等待庄稼的成熟。

例子中的父亲面对男孩的早恋，不是用命令的口气让男孩放弃，而是选择理解男孩的需求，帮助他树立正确的爱情观和认识爱的真谛，并以平等的态度与他交流自己对人生、爱情、学业的看法。

你可以把自己和男孩放在平等的地位上，像朋友一样，和他一起商量，分析利弊，最后让男孩自己拿主意，这样男孩不仅不会反抗，也不会感觉到被命令的屈从，反而会在商量的气氛中感觉自己在长大，有自己的主见。这时，大部分男孩会愉快地采纳父亲的建议。

在教育男孩的过程中不能一味使用命令的语气而忽视与男孩的

沟通，很多人会问，如何跟男孩进行成功地沟通呢？教育专家给我们的建议如下：

第一，成功的家庭沟通，应该注意以下因素：理解、关怀、接纳、依赖和尊重。理解，要求父母与男孩双方能够设身处地地为他人着想；关怀，不但存在于内心，更要切实付诸行动；接纳，要求考虑到每个人的个性，懂得欣赏他们身上的优点；依赖，要做到既信任别人也信任自己；而尊重是指尊重他人特别是男孩的权利，尊重他们的意见和选择。

第二，要建立一种积极健康的家庭沟通交流关系，应该改变父母是决策人、男孩是接受者这样僵化的家庭角色的分配。父亲在家庭教育中应该懂得进行角色交换，每一个家庭成员都可以对他表述的愿望予以积极地辩解。当男孩能够参与讨论家中通常是成年人的问题时，他们方能更好地理解父母，而父亲一方面可以调动男孩的主动性，使自己清楚地认识男孩的才干，另一方面也可以得到有关自己教育效果的反馈信息。

综上所述，父亲与男孩通过沟通，让男孩明白的是"理解、信任、承诺、准时"等观念的重要。通过沟通，最容易让男孩站在他人的立场上思考，也最容易让男孩养成理解他人的习惯。只有这样，男孩才有可能成长为一个全面发展的优秀人才。

让孩子看到虚伪的一面

生活中常常会遇到这样的情景：周末在家赋闲，突然传来电话声。爸爸交代儿子："你去接电话，要是叔叔找爸爸，就说我不在。"于是儿子对着电话说："爸爸说他不在家。"弄得大人哭笑不得。

相信很多爸爸都有类似的经历，孩子童言无忌，让你不得不出面"遮丑"。这些小事情过去了就忘了，有时候拿出来当成笑话大家说一说，但这样的事情对孩子的影响其实是非常不好的。爸爸们可能没有注意到这样的行为背后会带给孩子怎样的暗示：爸爸明明在家，为什么要让我说他不在家？我说了他不在家，为什么他又出来接电话解释自己刚才没有听到？这些疑惑会让孩子的是非观混乱，而且也会给孩子留下爸爸说谎的印象。很多孩子现在宁愿和网友交流也不愿意和爸爸多说一句话，其实就有可能是之前被爸爸欺骗过，就像下面的这个小孩一样：

我的父母离异很久了，我从来没有怪过他们。爸爸很少来看我，偶尔来一次我都会觉得很幸福。我会跟爸爸说心里话，有一些秘密也会跟他说。因为我觉得即使这个世界上没有朋友，没有可以信任的任何人，但父母是唯一的，是绝对不会背叛自己的人。

但是今天我才知道，他把我的很多事情都说给别人听了。我不懂他为什么要跟一个外人说，而且那个外人还是会到处宣扬的那种人。我跟他说的时候，他还答应我不会告诉别人，说是父子的秘密。

每个人都有无法诉说的秘密，这样的事也许别人无法体会，但对自己而言是重要的。选择跟自己亲人诉说，是为了给自己一分安心的信任感。结果，却是这样。如果有一天，有更多人拿我重要的秘密来嘲笑我，我该怎么办？为什么这个世界没有可以信任的人。我只是想要纯粹地相信着与自己血脉相连的亲人，这样错了吗？如果亲情都不能相信，还有什么是真实的？

父亲的失信让孩子非常痛苦，甚至不愿意再去相信任何人，生活都蒙上了一层灰色。于是，孩子们都认为与其跟爸爸讲心里话，不如讲给网友听，因为网友是最安全的。这也可以解释为什么孩子天天泡在网吧而不回家，因为家里不如网吧温暖和值得信赖。

至亲的父亲甚至比不上陌生的网友，孩子宁愿在外面玩游戏，也不愿意回家和父亲待在一起，这已经不是新闻了，很多人责怪学校和社会的风气不好，但有几位父亲意识到自己也有责任呢？言而有信并不仅是我们要求别人的一个标准，也应该用来衡量我们自己。

战国时，秦孝公起用商鞅变法图强。为了让人们相信他变法是真的，商鞅想了一个办法：他在都城南门竖起一根三丈高的木头，要是谁能把它扛到北门去，就赏金十两。但是没有人相信这是真的，自然也就没有人去扛。商鞅把赏金一直追加到了五十两，终于有一天，一个壮汉把木头扛到了北门，商鞅当场赏了他五十两黄金。老百姓纷纷议论：商鞅言而有信，他的命令一定要执行。于是，商鞅变法成功，奠定了秦国富强的基础。

很多时候，我们随口做出不能兑现的承诺，暴露孩子的秘密，或者拿孩子的成绩去炫耀，从根本上说是因为我们无法克服人性的一种弱点——虚荣。因为虚荣，我们习惯说一些场面话，而忽略了孩子可能把这些话当真；因为虚荣，我们习惯在朋友和同事面前强调自己对孩子的教育、和孩子的关系等；因为虚荣，我们希望孩子十全十美，弥补我们此生的不足；因为虚荣，我们不愿意向年轻人和小孩道歉……虚荣有时候会让一个理性的人失去判断力，让父亲忘记从孩子的角度去思考问题。

商鞅徙木而治民，教育也需要克服虚浮之心，诚诚恳恳地用言行来影响孩子。家庭是孩子最初的世界，值得信赖的家人使孩子愿意听取爸爸的建议，也愿意相信他人，热爱生活。爸爸是让孩子明白赢得信任和珍惜信任的第一任老师。

信任是相互的，只有父亲充分相信男孩，男孩才会相信父亲，真正相互平等有效的沟通才会开始。如果父亲对孩子不信任，总是不让孩子按照自己的意愿去生活，不仅不利于孩子的健康成长，更会加剧两代人之间的不理解，消解爱的力量。

为了避免失信于男孩，父亲在生活中一定要言行一致，尤其是与男孩有关的事情，不要轻易允诺，也不要敷衍表态；另外，父亲要尽量不在孩子面前说谎，就像这种"就说我不在"的谎话，当着孩子的面欺骗朋友，孩子也会怀疑父母是否会同样欺骗自己。

不打不骂的"冷暴力"

爱孩子是父母的本能，但爱不能只藏在心里，或者只存在于父母亲的主观认知中。相反，对孩子来说爱是实际的，既要能感觉得到，还要能摸得到。

所以，父母对孩子的每一次拥抱、每一次抚摸、每一次亲吻，都能拉近彼此间的距离。对孩子来说，父母的爱就如同孕育地球上所有生命的太阳和水那样重要，所以，让孩子时时感受到父母的爱非常重要。

在这个世界上，作为父母，能够给予孩子最有价值的礼物就是"爱"——慷慨和无条件的爱。我们应尽可能多地让孩子感受到我们爱他。无论孩子犯了怎样严重的错误，父母都要对孩子有一颗宽容的心。

当孩子犯错误的时候，家长很可能会用很冷漠的眼光来暗示孩子，或者对孩子不理不睬，这种"冷暴力"很容易使亲子间的感情联系割断，并极有可能使我们失去教育孩子的大好机会，导致孩子对于父母的爱麻木。

有很多父母特别宠爱孩子，他们一辈子甘愿为儿女付出，从孩子上幼儿园、上小学、上中学、上大学，到找工作、结婚、生孩子，父母无时不在操心，"为孩子把心都操碎了"，是许多家长都有的感受。然而许多孩子却体会不到这些，他们喜爱和崇拜的人是歌星、影星或政界商界的巨头，唯独没有父母。在一些调查中，孩子们对于为他们"操碎了心"的父母，不但不领情，还有颇多抱怨，惹得很多家长感叹"好心没好报"。我们总是认为当我们为孩子付出了很多之后就可以换来什么，但是孩子最需要的恰恰是父母的一句关爱和一份微笑。即便他们的表现很不好，他们也极不愿意看到父母那种很失望的表情，更不愿意从中读到父母"恨铁不成钢"的信息。冷冰冰的态度是最让孩子感到害怕的。

这些现象似乎在提醒家长，在家庭教育中存在着一些误区。比如在爱孩子的问题上，许多家长多是出于本能的爱，却不重视爱的表达方式，不会爱，因而使孩子体会不到父母的爱。

一位很伤心的妈妈向教育专家哭诉：得知孩子两门功课只得了188分时，这位妈妈难过得直流泪。一边的女儿看着妈妈流泪却感到十分困惑，她不能理解妈妈为什么如此痛苦。此时，这位妈妈就是忽略了孩子的感受。妈妈对孩子的期望是要得双百，孩子没有满足她的需求，她就感到伤心。如果换个角度看看孩子，孩子努力了，她虽然只得了188分，但她感到很高兴。而妈妈却只关注自己的感受，而忽略了孩子的感受。家长的行为与孩子的体验相反，孩子幼小的心灵就会产生疑问：这就是妈妈对我的爱吗？"一而再，再而三"，孩子就会形成一种认知，认为这就是爱。现在社会上很多人反映大学生冷漠，不懂得爱，很大程度上是因为他们缺乏爱的体验。只有学会施爱，让孩子体会到爱，并学会去爱别人，才能成为一个合格的父母。

总有一些父母，宁可自己省吃俭用，也要让孩子在物质上应有尽有，但在精神上却经常忽略孩子的需求，对孩子的情感和人格缺乏应有的尊重，这样也很难让孩子体会到父母无私的爱。父母应该尽可能多地和孩子在一起。每个孩子都需要从父母那里得到足够的重视。在每天工作之余，父母要腾出一些时间参加孩子的游戏，和孩子一起读书，为孩子提供接触到各种东西的机会。学会倾听孩子的心声，有经验的父母指出，通过听孩子说话来了解他们的感受，是非常有用的一种方式。与孩子谈话，也为父母提供了了解和教导孩子的机会。

称职父亲的深度探讨

父亲不必知道所有答案

随着男孩年龄的增长，父亲所要迎接的挑战会接二连三地袭来，面对出乎意外的男孩，可能会让家长们感到措手不及。我们不禁感慨："我还要掌握多少做父亲的常识呢？"

在解决这个问题之前，我们先要明白的是：我们有必要了解这么多吗？家庭生活并不是一成不变的，每一天都会出现新的变化。而我们作为父亲，要怎样做才能够"万变不离其宗"呢？

人与人之间的交往不仅仅是沟通与交流，有的时候则是意志力与意志力的对抗，不是去影响别人，就是被别人影响。在"成功学祖师"拿破仑·希尔看来："在别人的影响下生活着，就等于被别人的意志给俘虏了，这样的人即使再优秀，也不能成为领袖。"

有人说，影响力本质上就是一种控制力。的确，一个有影响力的人不仅可以让朋友们都认可他、支持他，甚至让对手都对他心悦诚服。更准确地说，影响力是一种让人乐于接受的控制力。它与权力不同，影响力不是强制性的，它是以一种潜意识的方式来改变他人的行为、态度和信念。没有人能够抗拒它，因为它来得悄无声息，等你察觉时，早已经被它俘获了。因而我们说，影响力是一种最高境界的领袖力。

想要得到周围人的尊重，形成一个凝聚人心、催人奋进、具有强大吸引力的领导核心，仅仅依靠体制和职务赋予的权力是远远不够的。它还应该建立在由宽广的胸怀、完美的领袖艺术、高尚的人格魅力和巧妙的交际方式等方面构成的个人权威之上。这种无形的能力，需要从小培养，而教育学家告诉我们，孩子的社交影响力多半来自父亲。

前面提到的影响力的种种本质，都是帮助孩子在将来的人生中少走弯路的重要资质，这样的资质主要由父亲来培养。马克思·韦伯曾经说，父亲爱的是最能实现他期望和要求的儿女，这与母爱有很大的不同，无论怎样的婴孩，母亲都会毫无差别地爱他们，母爱更多地强调自己的情感；而父爱则更多地侧重于价值观念，能够继承父亲志向的孩子，往往会得到最多的宠爱。父爱的这种条件性，决定了在孩子的成长过程中，父亲会更加主动地传授走进社会的最简单最基本的原则。

如果说母亲代表着自然界，那么父亲就是人类存在的另一极，即思想的世界，法律和秩序的世界，阅历和冒险的世界。

李嘉诚是香港家喻户晓的人物，他在经济王国中权高位重，在家里却是一个坚持原则的低调父亲。

李嘉诚有两个儿子，很多人认为这两个儿子将来一定要子承父业，因而必定是呼风唤雨的"太子爷"，但李嘉诚一直要求他们生活节俭、注重名誉。当两个儿子以优异的成绩从斯坦福大学毕业以后，他们想到父亲的公司里去小试牛刀。不料父亲的回答却是"我们公司不需要你们"。李嘉诚说："就是我有20个儿子，也不会给一个安排工作，你们要自己去打江山，要用事实证明你们自己有实力。"

恍然大悟的儿子离开香港去了加拿大，一个投资银行，另一个开设了地产公司。他们从来没有开口向父亲寻求资助，后来都成为加拿大商界的精英人物。

李嘉诚的选择和我们生活中常见的诸多父亲刚好相反：有的人想破脑袋去为子女打通人脉、安排工作，而李嘉诚却不愿意在自己众多的公司中给两个儿子安排"一席之地"。他这样做的目的只有一个，那就是让孩子清楚任何事情都需要靠自己，只有生活得独立，才算得上有本事的人，也才能自如地应对今后的生活。

生活节俭、注重名誉是李嘉诚对儿子日常生活的要求，这对寻常人家来说不足为奇，但是对一个商业巨人的家庭来说，就显得与众不同，也更难能可贵，他们并不是没有条件过奢侈的生活，只是更加珍视勤俭的价值观。"用事实证明自己的实力"，是在告诉孩子要独立、坚强，学会自己去解决问题，这是变幻莫测的商界必备的意识。李嘉诚白手起家，创造了自己的商业奇迹，但他并不急于让孩子们分享自己的成功果实，而是让孩子们分享自己的成功经验，这才是人生最宝贵的财富。

李嘉诚在培养孩子的价值观时做到了两点：有意识地培养孩子的价值观，自己也用行动去影响孩子，而后者甚至比理论教育更为重要。

对普通的家庭来说，要做李嘉诚这样的富翁爸爸很难，但是做李嘉诚这样的明智爸爸，却是可以做到的。我们知道，孩子的新知都是从模仿开始的，父亲是孩子认识外面世界的最重要的窗口，父亲怎样对待失败和困难，孩子都会受到潜移默化的影响。如果父亲本身是一个言而有信、正直勇敢的人，孩子很容易就会接纳一套正面的价值观。看到父亲为了家人而努力工作，能够轻松地应对工作，对家人呵护备至，孩子的心中就会燃起对美好生活的感激之情，这也会帮助父亲在孩子的青春叛逆期渡过难关，日积月累的信赖不会让孩子走上反抗家庭的极端；但是如果父亲从来就出尔反尔、只说不做，就难以保持自己与孩子的感情平衡，当孩子长大以后，很可能会忤逆家长，伤害父子感情。因此，父亲时时刻刻都要留意自己会给孩子带来怎样的影响，用正面的行动来解释所有美好的品质，让孩子在耳濡目染中成长为一个正直可信的人。

如何增进和儿子的感情

在教育子女的过程中，父亲不仅仅是一个"经济赞助商"，父亲对孩子性格的影响和生活习惯的养成都有很重要的作用。然而，父亲在家庭教育中的淡出对男孩和女孩的影响强度大小是不同的。一般来说，父亲角色缺失的情况下，男孩的损失要大于女孩。许多研究证实，父亲对男孩智力发展的影响要比女孩大。由于孩子的天性中，大多具有喜欢模仿的特点，儿童早期男性观念与行为的获得，很关键的就是观察、模仿父亲的语言与行为，并接受家庭特别是父亲对其男性化角色的规范影响。

如果在男孩的成长过程中，父亲角色总是缺席，男孩在一个相对柔弱孤寂的女性世界中浸润得太久，身上与生俱来的雄风会随着模仿天性的驱使，一点一点地被侵蚀，不知不觉之间便会朝着女性化的倾向发展。

另外，研究表明，男孩和母亲生活在一起的时间越长，其性别角色越容易混乱。有位心理学家调查了某市部分小学五、六年级的学生，发现有 13.9% 的学生希望自己是异性。其中大部分是男孩，他们很多人在 3 岁时开始有希望自己是异性的想法，到了青少年期开始显现并表现得尤为突出，对自己生理上的性别不满意，讨厌自己的身体，强烈要求改变性别，在日常生活中还会穿着异性装束，言谈举止如同异性一样。而绝大部分这样的孩子，都很少与父亲接触。由此可见，父亲在男孩成长中具有不可忽视的重要性。

然而，在竞争日趋激烈的现代社会中，许多父亲将越来越多的精力都用在工作上，力争在社会上出人头地，而对家庭里的事，特别是有关孩子的教育方面投入的精力和时间太少，孩子成长在母亲、奶奶、姥姥的怀抱中，幼儿园、小学也都以女性老师为多，这种从女性怀抱中走出来的孩子，大都不自觉地以女性形象规范自己，性格做派也在潜移默化中向女性靠拢……男孩的成长环境颇似温柔陷阱，软化了孩子成长应有的个性和棱角。在这种背景下，近几年，"阴盛阳衰""男孩女性化"的现象日益严重。

人们对男性角色的期望，决定了一个男子汉必须鲜明地区别于女性的特征，并能够充分展现一个男人的阳刚和雄性特性。一个哲人曾说，没有皱纹的祖母是可怕的。而我们要说，一个失去男性雄风的时代将更黑暗和可怕。

美国教育家杜布森博士认为，父亲应该承担起塑造下一代男人的主要任务。不能把孩子完全交给孩子母亲、幼儿园女教师，要多拿出时间陪陪孩子。父亲为此有可能会牺牲部分事业与社交，却能得到更伟大的成就——造就一个出色的孩子。事实上，在人生的不同阶段，男孩总是希望自己身边能有一位优秀的男性作为榜样供他效仿，而父亲恰恰是其最好的人选。

孩子不打不听话怎么办

英国 17 世纪著名的政治家、哲学家和教育家约翰·洛克提出的"绅士教育"，曾得到大部分人的认可。他主张一定要用温存的语言，耐心热情的态度，和颜悦色地劝导，有计划、有步骤地培养儿童的习惯，切记不可声色俱厉、简单粗暴地责备和训斥他们，以免伤害儿童脆弱幼嫩的心灵和正在成长中的自尊心。他提出的这种奖惩方法就是使孩子知道羞耻和光荣。孩子一旦懂得了受尊重与羞辱的区别，尊重和羞辱对他们的心理就成为一种最强有力的刺激。家长一旦能让儿童爱惜名誉，惧怕羞辱，就等于使他具备了一种真正的做人原则。这个原则会永久性地发挥作用，使他们走上正轨。

但如何才能做到这一点呢？

首先就是要培养孩子的羞耻心。儿童对于赞扬是极其敏感的，他们在比我们想象得更早的幼年时期就具有这一敏感性。他们觉得，自己能被别人看得起，尤其是被父母或者自己所依赖的人看得起，是一种莫大的快乐。所以，假如做父母的看见孩子的行为得体或表现良好，就应该适时地给他们几句赞扬；看到孩子表现不好或者做了错事，除了父母，孩子身边其他的人，也都用冷淡的态度对待他们，这样，用不了多久，孩子就能感觉到这两种不同的态度。这种办法如果能坚持下去，收到的效果要比贸然地吓唬或者打骂他们好得多。威吓或者打骂用多了，孩子就会对它失去恐惧。如果孩子的羞耻感没有被培养起来，使用暴力是没有什么用处的。所以，家长应该禁止用暴力的方式教训孩子。

其次，让孩子懂得优秀的人可以得到可爱的东西，使孩子更加深刻地体会到，受到尊敬是值得喜悦的，而遭到羞辱是应当感到耻辱的。洛克认为，这两种截然不同的感觉会在心灵上约束孩子的行为。当孩子不同的行为和表现值得受人尊重或者应该遭到羞辱的时候，各种使孩子感到可爱的或者讨厌的事物，应该紧紧跟随其后到来。

在对待孩子的奖惩上，日本教育家多湖辉有自己的看法。他认为，孩子会在被批评的过程中，学会辨别是非，学会区分哪些事情是好的、哪些事情是坏的。因此，家长要学会既能改正孩子的缺点，又不伤害孩子的自尊心的批评方法。

批评孩子，应该保持冷静的态度，给他讲道理，以理服人，而且自己的立场也要始终如一。另外，批评孩子要有分寸、方法得当。

多湖辉曾因不满学校的严格管理，做出了伙同他人一起破坏学校部分校舍的荒唐之举。学校的规章制度非常严格，所以他已做好了退学的思想准备。而校长却把他们召到校长室，流着眼泪说了下面的一段话："太令人遗憾了。我现在什么也不说，想必你们也在反省自己吧？希望你们能再一次反思一下自己所做的事情。"校长的宽宏大量，深深地刺激了学生们，使他们进行了深刻的自我反省。因此，采用什么样的批评方式非常重要，它能使孩子的才能得到提高，反过来也能使之下降。

多湖辉一直主张："批评时要正襟危坐。"进行重要的谈话时，任何人都要端正姿势，创造一种严肃的气氛。而且，不是单方面地命令别人如何去做，而要采取一种理解对方的立场、倾听对方意见的具有包容性的态度。不论孩子做了多么荒唐的事情，都应该有其原因。问清这些原因并予以理解，是能让孩子接受批评的先决条件。

对男孩进行正确的性别教育

读到针对男孩女孩要有不同的教育理念时，很多家长会感叹：正是，男孩要有男孩样，女孩要有女孩样。因此，孩子们从小就被鼓励朝自己的性别方向发展，渐渐地，这种鼓励变成强制，女孩不会得到变形金刚，而男孩也别想有洋娃娃。如果男孩哭，大人会劝说：只有女孩子才哭泣，男子汉有泪不轻弹。属于孩子的物品也常常被贴上性别标签：女孩子得到的常常是芭比、毛绒玩具、饰品和漂亮的服装；而给男孩子的则是轿车、卡车、球类和运动器械。

在起初的 18 个月里，男孩和女孩具有同一水平的侵犯行为，但是到了 2 ~ 3 岁的时候，女孩的行为就比男孩少些侵犯性。男孩和女孩似乎都知道，侵犯的行为对于男孩来说是可以接受的，而对于女孩来说是不可以接受的。

在这种教育氛围中，孩子们把世界分为男人和女人。久而久之，孩子们会改变自己的行为以适应这些性别定式，这是一种性别单一化的教育方式，这种方式过于强调性别，讲求性别身份及性别气质的认同，反而会限制孩子智力、个性的全面健康发展。

美国心理学家也曾对两千余名少年儿童做过调查，结果发现，过于男性化的男孩和过于女性化的女孩，往往智力、体力和性格发展都较为片面，智商、情商也较低。具体表现为：学习成绩较差（特别是偏科现象严重），缺乏想象力和创造力，遇到问题时要么没有主见，要么固执己见，同时也难以自如地应对环境。相反，那些兼有温柔、细致等气质的男孩，以及兼有刚强、勇敢等气质的女孩，却大多智力、体力和性格发展全面，文、理各科的成绩均较好，而且往往受到教师和同学的喜爱。

心理学领域对于男女双性化气质进行了很多研究，结果表明，双性化气质更可取，具有双性化气质的男人和女人更受人喜欢、更能够调整自己以适应环境的要求、应对压力时更灵活，极端的女子气、男孩气在社会生活中会出现很多问题。例如，创造力需要敏感——这是女性特质，而同时又需要自主性和独立性——这是男性特质。

现代社会，男性气概加上相应的女性气质，才能真正适应主流文化。不论是男孩还是女孩，都应该在发挥自己"性别"优势的同时，注意向异性学习，克服自己性格上的弱点，促进身心的全面发展和人格的完善。因此，我们在提倡"穷养男、富养女"的同时，也提倡性别教育的"双性化"。"双性化"发展重在保留本性固有特征的基础上，糅合异性优秀特征的发展。因此，作为家长，我们应该适时进行"双性化教育"，在这个过程中，孩子们既能认识并接纳自己的性别，又能善于吸收异性的优点。

当然，"双性化教育"绝不是让孩子混淆性别角色的教育，一定不能走极端，切忌过了头。要是男孩学过了头，就会显得"娘娘腔"；要是女孩学过了头，就会变成"假小子"，这都有悖于"双性化教育"的初衷。

第三章

母亲影响男孩的一生——好妈妈的教子分寸

做母亲更需要"岗前培训"

母亲的素质决定孩子的素质

有这样一个说法：上帝之所以先造出男人，并不是因为男人比女人优越，而是因为男人比女人容易造。上帝先试着造出男人，成功以后才去造女人。当上帝把女人造出来以后，上帝创造人的任务也就完成了：他把这个任务交给了女人。这样看来，母亲的工作正是上帝的工作。

孩子是从母亲体内孕育出的新生命，因而母亲的身体素质决定了孩子的健康基础。最新的科学统计表明，母亲的智商对孩子的智力有更为明显的遗传优势。母亲创造人类，这是对上帝的工作的延续，也是人类得以不断进步、充满希望的基础。

上帝选择女人来继续完成他的工作，不仅是因为女人能够繁衍子孙，更因为女性的特质，即善良、勤劳、温柔的亲和力，这能填充孩子在父亲影响下形成的思维世界，让他的精神在正义、勇敢等的筋骨下，充满情感的血肉。就像上帝不仅仅创造出人类，还给人类以信仰和力量一样，母亲也不仅仅是生养了孩子，还是孩子精神的避风港，她可以在孩子遇到挫折、失去信心的时候，给孩子鼓励和安慰，让他重新鼓起生活的勇气，勇往直前。

母亲的素质对孩子的方方面面都起着影响：

第一，有修养的母亲养育有修养的孩子。

所谓"修养"，处处体现在日常生活当中，与人相处或独自一人时，所思所言都是修养的体现。母亲与孩子朝夕相处，因而孩子身上大多数的修养，都是从母亲那里点点滴滴学来的。母亲尊老爱幼，孩子自然就会上行下效；母亲节俭有度，孩子自然就会拒绝奢华；母亲彬彬有礼，孩子自然就会谦虚不傲……

著名华人指挥家汤沐海的母亲蓝为洁女士，就特别重视孩子的修养，她自己是一个电影剪辑师，在她的剪辑下，产生了一部部优秀的电影作品，对艺术的理解，也让她常常直言不讳地与儿子交流。在她的养育之下，汤沐海成为世界级的指挥家，小儿子也是有名的画家。汤沐海的高雅修养和高尚品质，很大程度上来源于母亲的影响。

第二，善良温柔的母亲让孩子懂得为他人着想。

精神的冷漠是可怕的，很多感情木讷的人，在童年时代往往缺少母亲善良温柔的感染，这样的人往往性格粗暴、对人没有耐心。"悲天悯人"的情怀虽然可以由后天的修养与教育形成，但是它仍然是来源于孩子母亲的善良根基。

比尔·盖茨曾经说，自己在母亲那里得到的是"虔诚和善良"，在全球拥有超过44万雇员的比尔·盖茨退休以后，专门投身慈善事业，它不仅是连续13年蝉联世界首富的商业巨人，也是长期大力支持慈善活动的社会活动家。从他对全世界贫困地区的大量捐款上，我们可以看到他善良母亲的印记。

第三，耐心细致的母亲教会孩子做事。

再粗心大意的女孩儿，一旦变成母亲，就会变得坚强和细致，这也许就是常言所说的母性。每一个孩子都有自己的成长节奏，只有耐心等待和观察，才能很好地捕捉到孩子的步调，让他在适当的时间里做适当的事情，事半功倍。

不仅教育如此，在平时的生活中，如果一个母亲连听完孩子的话的耐心都没有，就不要指望孩子会有耐心倾听别人的意见，向别人虚心求教。希望孩子养成良好的生活习惯，没有耐心是不可能成功的，作为孩子的启蒙老师，母亲的耐心是他成长中最重要的礼物。

第四，沉着镇定的母亲使孩子学会坚韧不拔。

当"郁闷"成为社会的流行语，抱怨也就开始成为整个社会的风气。长期承担家务的母亲们，常常在孩子面前喋喋不休地抱怨自己的辛苦，"唠叨"成为现代母亲一个不光彩的标签。遇事沉着冷静，讲求效率和意义不仅是商业人士的必学知识，也是母亲在教育过程中受益无穷的原则。

母亲对孩子的影响相比较父亲而言，更加具体和细小，孩子如同初生的果实，上面还有一层薄霜一样细小的绒毛，母亲的手，正是要感知到这些细微的绒毛，呵护孩子的成长。所有母亲的特质，都是她作为女性特质的延伸，当上帝决定让你成为一个女人，就是他在授予你创造人、养育人的工作。如果用一个词来概括，那就是展现母亲的"亲和力"。

爱是维系母子关系的纽带

吴章鸿是一位平凡的母亲，她在 2005 年被全国妇联授予"感动中国的十位母亲"的荣誉称号。她以她的家教经历告诉世人，"穷"妈妈的爱可以雕琢出最为珍奇的音乐人才。她的儿子吴纯已经是 18 项国际钢琴比赛大奖的获得者，这位妈妈用最朴素的爱来陪伴孩子一点一滴的成长，她在孩子还小的时候曾经有这么一段时间，每天早上五点半起床把孩子绑在身上，挤公交车送他去上学。她懂得教育孩子，但是从来都不会用暴躁的方式来压制孩子，而是耐心地劝导，用一片爱心来给孩子讲道理。在吴纯 11 岁的时候，其父亲与吴章鸿离婚并带走了家里所有的财产，而吴章鸿咬紧牙关，和孩子一起共渡难关，依然给孩子创造最好的教育条件，同时还告诫孩子记住周围人对自己的帮助，培养他的感恩之心。在妈妈的感染下，吴纯从小就明白作为一个人应该秉承的处世之道，正如他的老师——世界著名钢琴大师克莱涅夫教授对他的评价："他是一个礼貌并真诚的人，这一点可以让他赢得更多的尊敬与敬佩。"

在旁人的眼中，吴章鸿与儿子一直是非常和谐的组合，在吴纯还小的时候，吴章鸿对他说："你需要爱，妈妈同样需要爱，妈妈在爱你的同时，更希望得到你的理解、尊重和支持。"确实，这样的一种爱才是最完美的亲子关系。

日本教育家井深大认为："孩子和母亲之间有一条纽带在维系着。"

这条纽带不是语言，而是母爱。尤其是在培养人品的时候，这种不用语言也能进行信息传递的"纽带"更是必不可少的条件之一。

小时候缺乏爱的孩子，长大后多数也不懂得如何去爱，这并不能说他们自私，而应该说，这些孩子是因为在某一时期没有被爱过，所以不能接受爱。也就是说，在这些孩子的身上没有养成知足的心理和被爱的心理。

井深大在自己的著作中讲了伊扎贝尔的故事：

伊扎贝尔的母亲是一个口不能说、耳不能听的聋哑人。伊扎贝尔出生后，家人为了让她们母女躲避世人的目光，在一间形同牢房的漆黑房间里，对她们进行了整整六年半的监禁。伊扎贝尔出生时，是一个没有任何异常的正常婴儿，但是在经过六年半的监禁之后，她却变成狼少女的模样：嘴巴不能说话，对陌生人充满敌意，一副穷凶极恶的样子。

据说，她的行为只相当于出生六个月的婴儿水平。但是经过梅逊和戴维斯两位大夫的共同教育，这位不幸少女的词汇量逐渐增加，数年之后，她达到了能够进行日常生活的水平。出生后到六岁半的时间里，没有人跟她说过话，陪伴她的只有黑暗和寂静。可是，伊扎贝尔最终却能融进人的生活，这是为什么？

这是因为伊扎贝尔和母亲的肌肤之亲十分丰富，既不能听也不能说的母亲不可能听得见伊扎贝尔的哭声，也不可能对伊扎贝尔说出温柔的话语，但是，她可以通过搂抱婴儿，和婴儿进行心灵的交流。正是这种心灵的交流刺激了伊扎贝尔的大脑和心灵，并培养了她作为一个人的心灵。

说到心灵教育，似乎让人觉得很难很难，其实，它并不难。对新生婴儿的初次爱抚，喝奶时婴儿和母亲之间的视线交流，母亲对婴儿的逗笑以及母亲对婴儿出声时的应答……这种母婴之间的交流是母亲和孩子之间联系的纽带，它是这个时期最重要的东西。

井深大把母亲和婴儿之间的相互感觉以及母亲和孩子之间的联系纽带表达为"不用语言的交流"和"语言之前的交流"，婴儿所感受到的首先是"语言之前的交流"，然后婴儿的心灵和能力才会成长。

妈妈决定孩子的一生

人民教育家老舍先生在怀念母亲时说过如下一段话："从私塾到小学，到中学，我经历过起码有廿位教师吧，其中有给我影响很大的，也有毫无影响的。但是我真正的老师，把性格传给我的，是我的母亲。母亲并不识字，她给我的是生命的教育。"

母亲教育研究所所长王东华教授在他的《发现母亲》中说："对母亲的依恋是人的精神赖以存在而不致崩溃的基础，也是人不断扩大自己生存疆域的依据，人所有的信仰，都是对母亲的信仰的一种替代形式。"这话一点儿也不夸张，母亲能够带给孩子的动力，是难以估计的。

观察一下你身边，就可以发现，那些阳光自信、充满乐观心态的孩子，几乎无一例外地都拥有一位极其疼爱他们并乐于赞美他们的母亲。父亲的爱或许更多的是含蓄与深沉，他在潜移默化中教会孩子形成正确的价值观与良好的品性，而母亲的爱与热情，正好将这种力量激发出来，使之发挥出最大价值。女人天生具备表达情感和想法的特质，让母亲更易于夸奖孩子、关注孩子情绪的变化、在意孩子心情是否愉快等。父亲让孩子感受到勇敢和进取，但是让孩子在生活中深刻体会到这种品质的，还是与孩子形影不离的守护神——母亲。

战国时期齐国的王孙贾，15岁入朝侍奉齐王。一年，淖齿谋反刺杀了齐王，齐国人却不敢讨伐逆臣淖齿。王孙贾的母亲看到这一切，极为痛心。她对儿子说："你每天早上出去，晚上回来，我总在家门口等你，如果你晚上回来得晚，我还要到外面张望。你是王的臣子，怎么能够在王失踪生死未卜的情况下，安然回家呢？"母亲的话让王孙贾非常惭愧，他走上街头，号召人们起来讨伐淖齿，当时就有400余人响应，最后终于平息了叛乱。

很多人担心，不知道怎样去教育孩子珍惜人生、积极进取。其实，只要你自己本身是一个积极进取的母亲，孩子自然就能养成阳光的心态和性格。孩子对人生的所有理解，都是从母亲的身上慢慢感悟到的。正因为如此，妈妈们才更有必要去改变自己、提高自己。

中国台湾著名的漫画家几米有一本漫画，叫作《我的错都是大人的错》，其中有很多"金玉良言"，一针见血地说出了现代家教的矛盾：

有些父母喜欢教训孩子：吃得苦中苦，方为人上人。

但她们自己吃尽了苦头，怎么没有变成人上人……

大人喜欢吹牛，

却要求小孩诚实。

所有的孩子都爱吹牛，

说他们的爸爸从来不吹牛。

大人喜欢对小孩说：

永远永远不要放弃梦想。

但为什么放弃梦想的都是大人？

这些既简单又直白的语言，把大人问得哑口无言。为什么家长总是在做自相矛盾的事情，一边说着这样的话，一边又做着那样的事？每个父母都希望自己能有一个称心如意的孩子，但是很抱歉，几米又说出了一个真相：我知道我不是一个完美的小孩，但你们从来也不是完美的父母，所以我们必须互相容忍，辛苦坚强地活下去。

很多孩子的不完美，都是从大人的身上映射过来的。比如我们常说孩子没有什么自尊心，不知道害羞，脸皮太厚。是不是因为他的自尊心被父母伤害得太严重了，产生了"抗体"？或者是他们没有从父母的身上找到自尊的感觉，从来不知道自尊是一种怎样的东西？现在孩子身上反映出来的种种问题，都是大人教育思想或者教育行为的后果。

妈妈与孩子相处的时间最多，对孩子产生的影响也最大。有的妈妈说孩子不爱学习，但是她自己也从来没有在家中翻阅过一本正经的读物。

有一位老师曾说，他请了专门的家长培训老师去学校培训，结果有几个家长却趁机带着孩子去了澡堂。"那些家长的脑子才需要洗一洗呢！"

家长会上，如果是家长自由选择座位，常常可以见到大家都往后面坐，即便讲台前面的位置空了很多。有很多家长迟到，或者听到一半的时候就离开了教室，或者在听课的过程中从来没想过要记笔记，或者突然接听电话，大声说话打断主讲人……

我们能责怪孩子听课不积极、不记笔记、不用心、不守时吗？

家庭是孩子的第一所学校，而母亲是孩子的第一位老师。好的或者坏的教育，都将在孩子的心中留下烙印，代代相传。孩子身上的那些错误，很可能就是这个家庭的错误，甚至就是母亲的错误。

孩子是妈妈的镜子

我们遇到过那种人见人爱的小孩，也见过总是惹人生气的小孩。有的孩子在你开口之前，就已经领会了你的用意，这样的孩子被认为是冰雪聪明的；有的孩子比较被动，有问才有答，但是有问必答，虽然有点儿羞怯，也不乏令人怜爱的气质；但是有的孩子就完全不能或者不愿意配合他人，就像是封闭在自己的世界中的小动物，处处提防，充满攻击性。很多人将这样的区别归结为天性，就像双胞胎中有静如处子的，也有动如脱兔的。但事实上，这些不同的反应都在一个框架里，反映的是孩子的同一种能力，即人际交往能力。

人际交往是每个人必须要面对的现实。哈佛大学发展心理学家霍华德·加德纳指出，在社会活动中，人际交往能力的核心是留意他人差别的能力，特别是观察他人的情绪、性格、动机、意向的能力。良好的人际交往能力使人能够了解他人，更好地与他人一起工作。这些属于非智力因素，取决于后天的培养与开发。儿童从一出生，就开始了与他人交往，随着年龄的增长，他们与人交往的意识不断增强，交往策略也不断丰富。

父母在儿童早期成长的过程中所进行的精心培养，将促进孩子在人际交往方面有良好的发展，给儿童将来走向社会、进行工作和学习打下坚实的基础。母亲在培养孩子与人相处的能力方面，发挥的影响尤为重大。

孩子从一出生，母亲就与他有亲密的接触，孩子最初的触摸记忆和声音记忆都来自母亲，母亲是与孩子的身体和心灵靠得最近的人。等孩子长大以后，其他的孩子是否接纳他，关键在于他怎样去接纳别人，适应社会。而这种接纳他人的能力就是从模仿母亲开始的。一般来说，一个热情的孩子往往有一位温柔慈爱的母亲；一个性格古怪的孩子往往母亲的性格也比较古怪；没有母亲的孩子，则更是容易走上冷漠的极端。

当孩子做错了事情的时候，往往是母亲来给他安慰和鼓励；学校里发生的不愉快的事情，母亲也会耐心地倾听并关注孩子的情感。所有这些对母子来说，似乎都是理所当然的事情，但是如果发生在朋友之间，一方受到委屈，另一方会真诚地安慰他、设身处地地为他着想，就难能可贵了。如果一位母亲可以做到善意地倾听，让孩子体会到被尊重、被珍视的快乐，孩子也就会模仿母亲的口气和神态，去分享他人的喜悲，这样的人是大家都会喜欢的朋友。

另外，孩子在与人相处的时候是否心态自如，也与他和母亲相处时的心态有很大关系。能够与母亲随时进行有效的沟通，交流感情的人，从小会在表达和感情上比较明确、稳定，这也是决定他是否能与他人自如交流的关键。

做身体力行的好妈妈

妈妈带着儿子去动物园，路上看见地上有一份报纸。儿子看着妈妈，不知道该不该去把它捡起来，扔进旁边的垃圾箱，但是妈妈仿佛没有看见一样地走过去了。就在儿子准备转身去捡的时候，妈妈说："现在的人怎么这么没素质，到处扔垃圾，不知道有多脏。"

到了公交站台，妈妈抱着儿子就往车上挤，排队等候的乘客们的目光都落在这对母子身上，妈妈浑然不觉似地说："别挤到孩子，谁来给让个座。"

这趟周末之旅给孩子留下的最深刻的印象，不是动物园里的小熊猫，而是第一次感受到那么多陌生人投来的法官一样的目光。家长和孩子一起外出游玩，本来是一件开心的事情，既可以促进感情，也能够让孩子接触到社会。但上面的家长不顾及最基本的社会公德，不讲究最起码的社会秩序，这对孩子的负面影响不可小觑。

一方面，家长的做法直接否定了孩子在学校学习的文明礼让、爱护环境的观念，让孩子感到家长与老师之间的矛盾；另一方面，家长的言行让孩子感到羞愧，伤害了孩子的自尊心，也损害了家长在孩子心目中的形象。

其实完全有一种"多赢"的方式来处理他们遇到的问题，那就是家长以身作则。

看到地上有纸屑，还没脏到不能用手去捡的程度，妈妈说："有人不小心把报纸丢了，我们把它捡起来吧，要是太脏了就留给环卫师傅们打扫，像这种纸屑我们也可以动手。"说完，就牵着儿子的手，一起将报纸放在可回收的垃圾桶内。

看到很多人在排队，妈妈说："看来大家等很久了，排了很长的队。等会儿我们排队上车，如果没有座位了，我们就互相扶着站稳吧。"

用善意的方式来理解一些不文明的行为，可以让孩子感受到文明礼貌是社会最基本的秩序，从小养成好的习惯，也让孩子与家长一起参与到文明行动中来，感受到光荣和自豪。要知道，所有的美好品德，都以自尊心和羞耻感为基础，哪怕是很小的荣誉，也会让孩子更加向往得到更大的认可。

然而素质的培养，绝不止于社会公德的基本教育，还包括孩子的世界观、价值观、人生观的培养，树立远大的理想、懂得谦虚和尊重他人、能够从小事做起……这些更加崇高和抽象的概念，要变成孩子生活中的一部分，除了让孩子去亲身体会，别无其他途径。

这时候，就更需要父母的示范了。

孩子的精力其实是非常旺盛的，而且需要父母来调动其积极性。如果父母和孩子站在一起，共同完成一件事情，孩子都是乐于接受的。如果仅仅停留在告诫和说教上，效果就不怎么明显了。

很多人都相信父母的素质决定了孩子的素质，就像知识分子家庭的孩子往往彬彬有礼，而"暴发户"家庭的孩子却常常蛮横无理。的确，家长的素质水平高低对孩子有非常重要的作用，但是这个关系并不是建立在遗传上的，而是生活中的耳濡目染使然。

遗传对很多家长还是一个模糊不清的概念，当孩子身上有一些好的或者是坏的表现时，父母双方常常会拿"遗传"说事，甚至为争论是谁遗传给孩子坏习惯而伤害感情。

"遗传"是指父母的基因特征传给子女。遗传最直接、最显著的影响是对孩子生理上的影响，例如相貌、身体素质和家族遗传病等。对孩子的心理来说，遗传的影响力是非常有限的，心理遗传学在整个遗传学当中至今还没有形成系统，也就是说，还没有人能够十分肯定地说父母的素质、性格会遗传给孩子。但是几乎所有的遗传学者和教育学家都很明确地表示：家庭的氛围对孩子性格的形成有至关重要的作用，父母的言谈举止直接影响着孩子的性格、习惯。

0~6岁是孩子整体素质形成的关键时期，既然遗传对孩子心灵的影响是微乎其微的，父母不妨打起精神，用行动去培养未来的绅士。

好妈妈不食言

优秀的母亲必须让孩子知道，要言出必行，说话算话。要教育孩子对别人讲信用、负责任，首先就要从自身做起，给孩子树立榜样，答应的事情就要做到。只有说话算话的母亲才能在孩子心目中树立起威信。

苏梅有一次到一个英国朋友家去玩，这位英国朋友有个3岁的孩子，非要跟苏梅一块儿洗澡，苏梅就敷衍她：你先洗，我一会儿就去。等这孩子洗完澡后，苏梅仍没有去，孩子哭了，说苏梅骗她。孩子的妈妈也跟苏梅急了：你怎么能骗孩子呢？你既然答应和孩子一块儿洗澡，就要跟她一起洗……

看了这个例子，你有何感想？想一想如果你是文中孩子的妈妈，你会怎么做？

许多时候，你是不是为了达到目的，随口哄哄孩子做出承诺，而后来却没有兑现？

苏梅的行为是中国众多妈妈的一个典型缩影。

有太多的家长在孩子面前言而无信。比如，孩子哭闹时，妈妈常用许诺来哄孩子："别哭了，回头妈妈给你买辆小汽车。"但妈妈并不会兑现这轻易的许诺。孩子却信以为真，满怀希望地等待着，然而一次次的许诺都不过是"空头支票"，孩子的一次次希望都化成泡影。这样下去，孩子不仅逐渐失去了对妈妈的信任，也慢慢地学会了说谎。妈妈只有在孩子面前信守诺言，才能真正树立起威信，同时也会给孩子良好的教育，影响孩子以后的言行。

遵守承诺为君子，诚信待人显人品。一个信守自己承诺的人，是一个有人格魅力的人；而一个视承诺为儿戏的人，自然不会得到别人的信赖。在家教当中，我们要有意识地加强孩子对信守承诺的认识，借以培养孩子的诚信品质。

然而，在现实生活当中，值得我们反思的是，许多家长并没有信守"承诺"的习惯。他们往往向孩子许下这样那样的承诺，但一转身就让其随风而逝，很少有兑现的时候。久而久之，孩子对父母的做法习以为常，也就不会去遵守自己许下的承诺。要知道，承诺是必须兑现的誓言，是不容随便变更的。在哄骗中长大的孩子，不会对自己的承诺负责，也常常做出违反诚信原则的事情。

有一个美国孩子，他父亲早逝。父亲去世时留下一堆债务。若按常规，欠债人已去，把他的商品拍卖分掉，债务差不多也就算了。但是这个孩子一一拜访债主，希望他们能宽限自己，并保证将父亲留下的债务分文不少地还掉。后来这个孩子果然历二十年之功，把父亲留下的债务连本带息、分文不落地全还了。周围的人都非常感动，知道他是一个可靠之人，也就都非常愿意和他做生意。结果这个孩子不但赢得了别人的合作，也赢得了他人的尊敬。

家长应教育孩子在答应别人之前，要慎重考虑自己有没有能力和把握做到，对不能做到的，就不要轻易答应；对比较有把握做到的，也应留有余地，不要大包大揽。

孔子说："言而无信，不知其可也。"言而有信，是做人最基本的道德要求，在培养男子汉的过程中，我们一再强调信守承诺的重要性，希望每位妈妈去身体力行。

母亲对孩子必须言而有信、以诚相待，这样，孩子才会对母亲产生充分的信任感，也才愿意把自己的心里话告诉父母。母亲是孩子的镜子，也是孩子模仿的对象，只有说话算话的母亲才能在子女心目中树立起威信，才能避免孩子养成说谎的习惯。

妈妈，请放手让男孩经历风雨

让孩子在逆境中保持乐观

在现代的家庭教育中，妈妈要让孩子们知道，他们面临的是一个处处充满竞争的社会，"物竞天择，适者生存""优胜劣汰"将是普遍现象，未经锻炼的翅膀难以搏击人生的风雨，也难以在未来的竞争中取胜。妈妈们要认识到，要想让孩子在竞争中立于不败之地，必须对孩子进行挫折教育，让他们自小接受艰难困苦的磨炼，让他们敢于面对挫折，不怕失败，以培养他们坚韧不拔的意志和毅力。在逆境中千锤百炼成长起来的孩子才能更具生存竞争力，这也是妈妈应为孩子尽到的义务和责任。

人的生活并非都是一帆风顺的，在我们的生命中总是充满着这样或那样的困难和问题。但是我们应该让孩子明白，在逆境中开放的花是更美的，就像冰山上的雪莲那样纯洁、美丽！所以我们要让孩子相信：挫折和困难正是上天给予他们的试金石，它只会淘汰懦弱和无能者，而坚强者更懂得人生，懂得如何去完善自己，也会获得更多的经验和教训。

逆境更能让孩子获得更好的成长机会。从一个人成长的一般规律看，顺境可以出人才，但是逆境、挫折的情境更容易磨砺意志，逆境也可出人才。因为，逆境中奋斗的人既有失败的教训又有成功的经验，更趋成熟；他们能把挫折看成一种财富，深谙只有经历失败才可能成功，成功是建立在失败的基础上的，因此更具有笑对挫折、迎难而上的风范。

"宝剑锋从磨砺出，梅花香自苦寒来！"孩子在逆境中成长是一笔财富！但是我们要引导孩子，让他们面对逆境挫折时能有一种积极乐观的心态。

乐观像一股永不枯竭的清泉，乐观像一首没有歌词的永无止境的欢歌。它使人的灵魂得以宁静，使人的精力得以恢复，使美德更加芬芳。孩子在用乐观的心态生活时，他们的精神、灵魂、美德都会从这种愉悦的心情中得到滋润，尽管烦恼和不安时时吞噬着这种美好的心情，各种挫折和磨难会一点一滴地消耗它，但这如清泉甘露般的美丽心情永远不会枯竭，而会历久不衰以至永远。

所以让孩子保持乐观的心态，微笑着面对生活是很有必要的。那么，妈妈在生活中应该如何引导孩子乐观地生活，乐观地面对生活的各种挫折呢？

1. 要朝好的方向想

有时，孩子变得焦躁不安是由于碰到自己所无法控制的局面。此时，你应该让他们承认现实，然后设法创造条件，使之向着有利的方向转化。此外，还可以引导孩子把思路转到别的事上，诸如回忆一段令人愉快的往事。

2. 不要过于挑剔

乐观的人往往是"憨厚"的人，而愁容满面的人又总是那些不够宽容的人。他们看不惯社会上的一切，希望人世间的一切都符合自己的理想模式，这才感到顺心。因此，尽量让孩子避免挑剔的恶习。挑剔的人常给自己戴上是非分明的桂冠，其实是在消极地干涉他人的人格。怨恨、挑剔、干涉是心理软弱的表现。

3. 偶尔也要屈服

当孩子遇到重创时，往往会变得浮躁、悲观。但是，浮躁、悲观是无济于事的。我们要告诉孩子，要冷静地承认发生的一切，放弃生活中已成为他们负担的东西，终止不能取得的活动，并重新设计新的生活。大丈夫能屈能伸，只要不是原则问题，不必过分固执。

纵容小错，累积大过

教育孩子要赏罚分明，孩子做得好要给予奖励，但孩子做错事时也一定不能姑息，哪怕只是小错也要进行适度的处罚，这样孩子才能正视自己的错误，及时改正。

6岁的小航总喜欢玩火，只要是与火有关的东西，例如火柴、打火机，甚至家里的炉灶他都要去摆弄摆弄。小航的爸爸自己也喜欢各式各样的打火机，从气体、电子式到机械式打火机，甚至古老的"火镰"……对于小航玩火的行为，父母从来没有给过任何处罚，他们觉得玩火也不是什么大错，看着儿子熟练地使用各种打火机，小航的爸爸甚至还得意地说："瞧，我的儿子就是像我！"

一天，小航在家里玩一个爸爸刚买来的打火机时，一不小心把自己的帽子烧了个洞，脸上还蹭上了不少黑灰！小航的妈妈看到儿子的狼狈样儿，非但没有狠狠地教训他，反而笑得喘不过气……过些日子，父母带小航去农村的姥姥家，一不留神，小航居然和几个表兄弟一起玩起火来，不知什么时候，姥姥家的草垛已经燃起了熊熊大火！小航的妈妈跑来，拉过小航就是一顿痛打！

看到上面这个故事，你认为谁应该受到指责？是小航，还是小航的父母？

细细回想，自己是否有时也会认为孩子的小错并无大碍，不用小题大做？

一般人认为，孩子犯了小错可以不问，犯了大错就必须加以批评，其实不然，小错更应该引起家长的重视。

日本教育家多湖辉上中学时曾有过这样的经历。有一次发下考试答卷，他发现自己的数学成绩比预想的差很多，心里大吃一惊。记得考试时，除一道题没答上之外，其他都答得很完整。看完试卷之后才明白，自己因计算错误丢掉了好多分。父亲看完卷子后说了这么一段话："看了你的答卷，发现你太马虎了。有的前半部分都对了，最后却写错了答案，还有的把加减弄反了，像这种本不该错的错误太多了。现在，请你马上把错改过来，否则将会一错再错，养成粗心大意的习惯，后果将不堪设想。"

　　无意中犯的错，是最容易被人忽视的，它的负面影响其实是很大的。

　　孩子的判断能力远不及大人成熟，他们时常会犯错误。但是，即使是孩子，也具有区分好坏的基本判断能力，如果犯了严重的错误，内心深处一定会有所察觉。虽然不知原因，但他也会自问是否做错了。

　　然而，虽然意识到自己错了，可一旦有人指出来，人们就会产生反感，并有可能将错就错下去，这一点大人小孩都不例外。就说上高中的孩子吧，只要家长劝说他们努力用功，他们必会顶嘴说："知道了，别再啰唆了！"然而，说归说，他们还是不肯用功，有时甚至会故意跑到外面去玩。

　　因此，除了及时指出问题，还要注意方式。如果妈妈在一旁呵斥，孩子刚刚萌发的反省心就会一下子化为乌有，进而产生反感，破罐子破摔，如此就会带来相反的效果。当孩子遭到较大挫折，换句话说，当孩子处在成长的关键时刻时，妈妈当场数落不如给孩子留下自我思考的机会，等事情过后，再慢慢"细问"："那件事怎么样了？""当时觉得很困难吧？"有了反思的机会，孩子才有可能从各个角度去检讨错误，并从中吸取教训。

相反，如果孩子犯了小错误，就应"随时确认"，及时给予批评警告。有时，孩子未必能意识到自己的错误，如果不加以纠正，小错很可能演变成大错。因此，不断纠正小错误，才能做到防患于未然。

有一句话叫作"星星之火，可以燎原"，一点儿小过错不断纵容，也会累积成大过。因此，爸爸在教育孩子时，一定不要纵容孩子的小过错，不然只会害了孩子。

有一种家长，对孩子的小过总是纵容，如果碰上心情好的话，甚至还要表扬两句。等到孩子把小错变大过时，他们就又变得异常愤怒，严厉地责罚孩子，殊不知，这些教育孩子的观点、行为都是相当错误的！这些错误的观点和错误的行为，只能收到适得其反的教育效果。

对于那些家有"玩火孩子"的母亲，我们的忠告是：面对孩子的小错误，母亲要立即纠正。如果孩子犯下小错误，当母亲的不能立即纠正，一旦孩子犯下大错误便后悔莫及了。妈妈们应该知道，尽管小孩的判断能力比不上大人，但是他们区别好与坏的能力还是有的。如果孩子犯了错误，在他的意识里，他会感觉到自己做了错事。此时，妈妈应当抓住孩子"我犯错误了"的心理，立即进行有效的教育和行为上的纠正，这样一来，孩子就不会再犯同类的错误。

请拿掉你手中的"保护伞"

吃水果时，孩子拿起了水果刀准备削皮。妈妈见状，立刻夺了下来："你不能削，会削到手。"

儿子拿起水杯，向热水瓶走去，妈妈马上说："会烫着手，我来，你过去等着。"

公园里，健身器械旁，妈妈的眼神牢牢地盯着孩子，不时地大声叫："那边危险！不要过去！""那么高的地方不能爬，会摔下来。"孩子下了秋千和滑梯，家长赶忙跑过去扶住孩子。

妈妈如此担心孩子，生怕孩子受到一丝伤害，于是把孩子严密地保护起来。孩子们的确没有磕着碰着摔着，家长以为安全了，尽到做母亲的责任了。可是，在这样的保护下成长的孩子是什么样的呢？

孩子们好奇的眼神在一次次"不能"的喝令当中逐渐变得漠然。忍不住伸出的手吓得缩回去，不再伸出，心里那只探索世界的小手也缩了回去。种种未知的危险始终回响在耳边，只是想象，就已经限制了孩子的行为。

等孩子渐渐地长大时，他们便什么也不敢做，什么也不会做了。母亲的代劳让孩子甚至没有了自己想要去做的意识。孩子变得唯唯诺诺、自私、懒惰、怯懦、自卑和不合群，有的甚至出现了严重的心理问题，更别提冒险和探索了。

用一句话来说，这就是母亲过于保护的结果。想想看，在这种环境中长大的男孩子，什么事情都不敢做，还期望他们能有什么创造性吗？

母亲的庇护不会出现在任何时刻，事故终归是难以避免的。男孩们要学的是怎样去忍受在生活中碰到的疼痛甚至困难。尝试了，体验了，即便是痛，也是他们人生中宝贵的财富。感受了才能更深刻地意识到以后应该小心去避免。而妈妈在无形中剥夺了男孩享受的权利，导致了他们的无能。妈妈不是孩子永远的"保护伞"，经常沐浴在母爱保护之下的男孩离开了父母以后很难立足于社会。下面的这位妈妈就是很明智的，她给了孩子另外的一种保护。

为期两天的野营马上就要到了，孩子积极准备着去山里要携带的物品。他做了很多准备。妈妈检查了他的行李，发现他没有准备足够的衣服，因为山里要比平原冷得多，而且也没有准备手电筒，这可是野营时必须要带的东西。

但是妈妈什么也没说。

两天后，妈妈问野营回来的儿子："怎么样？玩得开心吗？"

儿子说："我带的衣服太少了！还有，我没带手电筒，这件事情很麻烦。"

妈妈问："那为什么不预备好呢？"

"我以为那儿的天气和这边一样，没想到山里会那么冷！下次再去的时候，我就知道该怎么做了。"

这个事例中的妈妈是想让"经历"去告诉孩子结果，而不是由自己直接告诉他，甚至无微不至地为他准备好。看上去，这位妈妈似乎是个不称职的妈妈，但她其实是一位非常明智的妈妈。因为她阻止了自己的过度保护，给了儿子直接的体验和经验积累，从而避免了让孩子走向无能。

男孩有体验错误的权利，所以不要找出"不想让他走弯路"的借口，应放手让他尝试错误。体验了失败，才能更有利地回避失败，这才是最直接的给予！如果母亲只知道帮助他踢开前进路上的小石子，会让他觉得一切都是容易的、安全的和可靠的。只有无数次错误经验的累积，才能让孩子直观地感受到错误的真正含义，这些远远胜于妈妈的"千叮咛万嘱咐"。

所以，妈妈要大胆地给他尝试错误的机会，这是男子汉成长过程中必须要经历的一步。

适当让男孩受一点儿苦

很多妈妈由于对男孩太过于精心照料，使男孩往往对母亲过度依赖，逐渐变成了娇软的"奶油小生"。

小学生强强对妈妈说："妈妈，我的同桌小丽昨天打了我的头，还把我的书包扔到教室外面去了。你说我该怎么办呢？"

这些本应该是充满着阳刚之气的男孩，怎么会变得如此胆小怕事呢？

我们不得不把矛头指向那些乐于事事代劳的妈妈，她们处处疼爱孩子，为孩子做好一切，结果换来的却是男孩自理能力的下降。

一个小学一年级的男孩子，在中午吃饭时突然大哭起来。老师问他为什么哭，男孩子一边抽泣着一边说："今天的鸡蛋太硬了，没法吃。"原来，以往男孩带的鸡蛋都是妈妈事先剥好皮的，而这次时间来不及了，妈妈没有帮他剥皮。

东南大学的一位教师说，一些学生考入大学、离开父母后，基本不会独立生活，不能自理自立。一位考上南京某名牌大学的高才生，入学一个月便将自己的各种证件、钱物等都丢失了，并且无法处理简单的日常生活。不得已，学校只能要求他的家长前往学校帮助其料理生活。后来这名同学还是感觉生活不适应，只好休学回家。还有的学生将自己换下来的脏衣服打成邮包寄回家，让父母去洗；一些大一、大二的学生均反映适应不了大学生活。

有一次，学校组织学生进行大扫除，有一位妈妈拿着抹布来帮助儿子做卫生。老师不禁感到纳闷，问这个妈妈："平时孩子在家做家务吗？"没想到这位妈妈毫不犹豫地回答："疼还疼不过来呢，怎么能让他做家务呢？"

这样被妈妈"一手包办"长大的男孩，将来肯定是要吃苦头的，注定会给家长带来悲哀和失望。

要想把自己的男孩培养成适应未来社会的男子汉，当妈妈的可以表现得不那么强势，给男孩提供显示本领的机会。母亲的过于能干、刚强，会让男孩失掉施展才华的天地，能力慢慢地被弱化。

事实确实如此，如果妈妈把男孩当成一个男子汉来培养，他会慢慢变成令妈妈满意的男子汉。如果妈妈总是把男孩当作一个小孩子，即便他已经长到了十几岁甚至二十几岁，他在心里也会永远把自己看作是一个小孩子。正确的做法是，适当让男孩受一点儿苦。

有一次，我国有一位青少年教育专家到华盛顿参加完一个会议，出来在路边等车，看见一个母亲和一个3岁左右的小孩过马路。那个小孩不小心摔了一跤，母亲走了过去，对小孩说："汤米站起来！"小孩继续在地上要赖。母亲的声音越来越大、表情越来越严肃："站起来！"小孩立刻站起来了。母亲把小孩带到路边就开始训斥："汤米，你看看你刚才，像个男子汉吗？还说长大了要保护妈妈，你那个样子能保护我吗？做事情不能担负自己的责任，还妨碍交通。"3岁的小孩含着眼泪，被妈妈带走了。

赫胥黎说："人在早年遭受几次挫折实际上有极大的好处。"男孩在成长时期太顺利了未必是好事。对男孩过分保护，往往会妨碍他身心的正常发展，使他们变得胆怯、依赖心重、神经质，不敢做任何尝试，而且不易与人接近。为了让男孩在以后的生活中少吃苦头，在男孩成长的过程中，父母要做的是精心设计一个有益的教育环境，使男孩在成长过程中适当地吃些苦头，培养他承受挫折的勇气和能力。有了这样的准备，男孩才可能在以后少吃苦。

孟子云："生于忧患，死于安乐。"忧患和安逸都是生活方式，但一个可以培育信念，一个只能播种平庸。母亲必须让男孩知道，在成长的道路上，不可能是一帆风顺的，成功往往是与艰难困苦、坎坷挫折相伴而来的。如今的男孩生活过于安逸，普遍缺乏经受磨炼的机会，因此，他们很难学会忍受挫折和失败带来的负面情感，这对他们的成长是极其不利的。

有位男孩考上了一所部队院校，严格的军事化管理让男孩苦不堪言，他在给家长的信中屡屡透露出不能承受的意思。他的父母千里迢迢去探望，看到男孩的确很苦，站要有站相，坐要有坐态，就连平日穿衣叠被吃喝等杂务也得用统一整齐来规范，更别说每日早晨风雨无阻的五公里越野长跑了。他们只待了三天就被队领导要求返乡，他们看着男孩黑瘦的模样，内心充满矛盾——男孩平素一进家门就喊饿，可现在，肚子咕咕叫，还要饭前一支歌！怎么办？母亲几乎动了把男孩领回家的念头，可父亲却一直坚持："别人家的男孩能行，咱家男孩也能行！"后来两位家长终于释然。如今，他们的男孩已真正成为一个成熟稳健、果断独立的男子汉了。

日本著名企业家松下幸之助曾经说过这样一段话："狮子故意把自己的小狮子推到深谷，让它从危险中挣扎求生，这个气魄太大了。虽然这种作风太严格，然而，在这种严格的考验之下，小狮子在以后的生命过程中才不会泄气。在一次又一次地跌落山涧之后，它拼命地、认真地、一步步地爬起来。它自己从深谷爬起来的时候，才会体会到'不依靠别人，凭自己的力量前进'的可贵。狮子的雄壮，便是这样养成的。"

别让男孩走"中性路线"

几十年前，美国著名的预言家阿尔文·托夫勒预言了世界发展的十大趋势，其中就包括男女性别逐渐趋于中性。而时下的"中性"的确已经作为一个时尚的词汇，频繁出现在我们面前。

走在学校的校园，我们不难看到超短发型、宽边眼镜的女生打扮，并且这样的人群还有增多的趋势，她们觉得这是一种时尚。与之相反的是，一些男生性格文弱、细腻、敏感，缺少男孩应有的阳刚与粗犷。

随着社会的变迁，我们对于性别的认识已经采取更为理性的姿态，中性化作为一个时尚的词汇，越来越被我们熟悉。

有一位心理咨询中心的分析员这样分析中性化的原因：在心理学中有这样的理论，兼有男性和女性特征优势的人比较灵活，更擅长人际交往，更容易被社会接纳，具有更强的社会生存能力。

不过，中性化具有优势并不代表性别可以忽略不计。当性别失去了严格的分类之后，男性和女性的概念也就失去了意义。女孩可以具有男孩的出色品质，比如勇敢、坚毅，男孩也可以具备女孩的优势，比如细心、周到，但是，男和女毕竟是自然的属性，是不可能从根本上进行颠覆的，如果违背了自然的法则，那将会出现很多不自然的后果。

震震从小就失去了父亲，同自己的妈妈和外婆生活在一起。因为他是家里唯一的孩子，长辈们都很疼爱他，可以说是关怀备至。

在震震成长的过程中，家人也从来没有给他灌输过关于性别的知识，他也没有感觉到自己和别人有什么不同，与外婆和妈妈生活在一起很自在。上了小学之后，震震就很自然地和班上的女生玩到了一起，然而男生却常常嘲笑他，甚至欺负他，虽然有一群"小姐妹"半路为他解围，可是震震心中有一种挥之不去的难过。

震震大学毕业之后，一直都找不到合适的工作。无奈之下，家人帮他找了一份工作，因为女同事很多，他无法适应那里的工作环境和工作压力，没有过试用期就被辞掉了。

在成人世界中我们可能会有这样的体会：有些男人在家庭中没有任何地位。不管他们工作有多努力，在外面多么受别人的尊敬，但是一回到家里就会像个孩子一样，他们的妻子为此伤透脑筋。

当女人们聚在一起聊天的时候，肯定会有类似的抱怨："我家里有两个'孩子'，其中一个是我丈夫。"因为对于妻子而言，优秀的丈夫能够承担家庭的责任，能够帮助她解决实际的问题。而这些爸爸回到家往往就是盯着电脑，完全不把家庭事务放在心上，怎么会不让妻子感到恼火呢？

虽然这些妻子对丈夫颇有微词，但是对自己的儿子却宠爱有加，她们不愿意让儿子分担家务，愿意给他最快乐的童年。可是对男孩来说，如果在年少时候就长在温室里，不懂得承担责任，可能到了成年之后，自己都无法对自己负责，那怎么会对妻子、对家庭负责呢？将来一定会有更多的妻子抱怨。

所以，妈妈要有意识地把男孩培养得更加刚强，在以下几个方面应该有所注意：

第一，让男孩独立生活。

妈妈要改变什么事情都替男孩包办的态度，要多给男孩自主的机会。不论是在生活中，还是在学习上，凡是应该男孩自己做的，妈妈一定要放手让他自己做，并坚持这样的原则：你能干的，我绝不替你干；你不会干的，我教你干；你让我干的，我考虑该不该干。

很多家长都有这样的认识误区：在生活方面都帮助男孩料理好，男孩只要把全部的精力放在学习上就好了。其实这种认识是错误的，因为男孩在生活中形成的依赖心理会阻碍在学习过程中自强自立精神的形成，这也是形成孩子软弱性格的重要原因之一。

男孩在独立做事的过程中培养了解决问题的能力、对抗挫折和困难的意志，当遇到困难的时候就不会感到无所适从。而且，当男孩在进行劳动等实践的同时，一定会切身感受到妈妈的不容易，当这种感情升起之后，还会促进男孩更用心学习。因此，妈妈应该让男孩学会自己独立生活，教给他独立面对生活的勇气和能力，可以先从小事着手，比如：让男孩自己准备早点、夜间要自己上厕所，等等。这些看起来是小事，但对于培养男孩坚强、勇敢的品质是很有益处的。

第二，让男孩成为强者。

如果想让男孩坚强，就千万不要把他看作是弱者。只有他自己能立定脚跟的时候，他的意志才会坚定。

第三，让男孩增强自信心。

正在成长过程中的男孩更需要体验挫折的经历，家长应该鼓励男孩了解并发挥自己的特长，让他大胆尝试，享受成功。天下没有十全十美的人，找到更多的理由表扬男孩，让他认识到自己的优点和长处。这样，当男孩遇到挫折的时候，他就不会一蹶不振、轻易放弃了。

第四，让男孩正确看待失败。

当男孩遇到失败的时候，妈妈要帮助男孩找到失败的原因，和男孩一起分析遇到的问题，教会他从不同的角度看待事物，帮助孩子塑造良好的心理素质。

人的一生当中总会碰到自己无法控制的状况，作为家长，在教会孩子正确对待失败的同时，还要教男孩做好心理准备，人生因为充满了挑战才显得精彩，失败中也包含着有益的因素，能克服失败的男孩才会更好地成长。

妈妈们常走的弯路

保全了玩具，破坏了好奇心

妈妈们经常会遇到这样一些令人头疼的问题：男孩似乎特别具有破坏欲望，什么东西到了男孩手里，没一会儿就能把它大卸八块，弄得你哭笑不得。一些妈妈为了保护玩具，不许男孩任意摆弄玩具，更不许男孩拆卸。殊不知，这种做法是本末倒置的，只保护了玩具，却破坏了男孩的好奇心和探索精神。

创造精神的一个明显特征就是男孩们总拥有极强的好奇心，刚刚对世界有了一个最初认知的男孩，对一切都充满了好奇。

一个男孩的母亲，因男孩把她刚买回家的一块金表当新鲜玩具给拆坏了，就狠狠地揍了男孩一顿，并把这件事告诉了男孩的老师。不料，这位老师幽默地说："恐怕一个中国的'爱迪生'被你枪毙了。"这个母亲不解其意，老师就分析说："男孩的这种行为是创造力的一种表现，你不该打他，要解放他的双手，让他从小就有动手的机会。"这个老师就是著名的教育家叶圣陶。

男孩的生活里到处都充满着好奇，男孩在这些千奇百怪的想象里成长着、破坏着。作为父母，应该注意保护好男孩的好奇心，不可扼杀男孩的好奇心。

温帆是武汉科技大学电信系的大学生。在校期间，他有四项发明获得了国家专利，"带打气筒的自行车""可以转换多种锤头的锤子"等都是他多维思考的产物。而他的父母亲从小就很注重培养他的多维思考能力。

在温帆很小的时候，有一次，父母花了两个月的工资买了台收音机。一天，妈妈下班回到家，发现儿子把收音机拆了，于是便问："你怎么把收音机拆了？"

温帆说："我听见阿姨在里面唱歌，想看看阿姨怎么在里面唱歌。"

妈妈一听，不仅没有生气，反而很高兴地对儿子说："你的想法真不错！阿姨在很远很远的地方唱歌，不管是天上、地下、海里，你都能听见。这是为什么呢？你长大了就可以去探索这个！"

温帆的想象力和好奇心一直得到母亲的鼓励，他对无线电、电子、电波越来越感兴趣，上大学的时候就报考了电子信息专业，从某种意义上说这都是对他童年时期好奇心的回应。

还有一次，父亲在修自行车时让他当助手，对他说："跟我修这一次以后，下次就完全交给你自己修了。"

温帆很有体会地说："父母让我多动手做实验，多观察别人的做法。看得多了，在做同样事情的时候，我就能从多方面切入，会想能不能做得更好，把它提高一个档次？于是，在搞发明创造时我便不断有新想法冒出来。"

能拆开玩具，说明男孩有好奇心，有求知的欲望，能自己去看待问题、研究问题。所有的母亲都希望自己的男孩能够成才，为了给男孩找到努力的方向，她们不惜花钱让男孩上各种各样的培训班，向男孩讲述成功人士的成长经历，希望借此找到男孩的成才之路。但他们或许不知道，可能仅仅是对男孩拆东西的批评，就会改变其一生的命运。所以当妈妈的不能一味地批评，更不要扼杀男孩的好奇心，否则就会扼杀将来的人才，因为生存的技巧就在于他们敢不敢去探索知识，去探索未来。

一位学者指出："人们只有在好奇心的引导下，才会去探索被表象所遮盖的事物的本来面貌。"好奇是铸就成功和杰出的最重要的因素。因为只有好奇心才能产生兴趣，只有感兴趣才能产生探索的欲望和动力。

心理研究表明，当一个人对某些事物产生好奇时，就会充满兴趣地去研究。他会变得愉快，精神放松，大脑高度兴奋。相应地，创造性就会得到高度发挥。是否具有强烈的好奇心和浓厚的兴趣，将在很大程度上决定着男孩参与未来社会竞争的成败。

在现实生活中，许多孩子一直是被动地接受知识，缺乏积极主动探索世界的好奇心，再加上家长对他们的好奇心的管制和干预，使很多人都技能单一、反应迟钝，遇到了能力范围之外的事情就手足无措。

所以，母亲要鼓励男孩永葆好奇心，有了好奇心才能不断去寻找想知道的答案，才能学到更多的知识，从而不断进步。

请保姆带孩子

母亲并不是一个简单的称谓，也不再是传统意义上的喂孩子、洗衣服、打扫卫生……而是一种伟大而神圣的职业。母亲的教育很重要，母亲的工作不能由别人代替，孩子的教育必须由母亲承担。把自己的孩子委托给他人照料，只有人类这样做，其他的动物绝不会这样。

美国教育专家斯特娜夫人曾经说过，中国曾一度落后于其他国家，与中国人没有认识到妇女教育的必要有关。过去，中国人认为妇女不应受教育，因此，多数妇女是文盲，也不进行家庭教育。

与这种说法不谋而合的是另一种说法，罗马之所以灭亡，就是由于罗马的母亲们把教育孩子的工作委托给了别人。这种说法虽然夸张了些，可是就像福禄培尔曾经说过的：国民的命运，与其说是操纵在掌权者手中，倒不如说是握在母亲的手中。

看看我们周围，孩子基本上没有时间和自己的母亲待在一起，因为许多年轻父母正在为生活的富裕而努力奔波赚钱。由于工作忙，把孩子的教育全部委托给爷爷、奶奶、姥姥、姥爷，或者根本就没有自己的亲人照顾，只是由花钱雇来的保姆看护。在斯特娜看来，这样的妇女是不能称为母亲的。

大多数的家庭都不可能让母亲全职在家里教育孩子，但只要采取正确的方式，对孩子的照料不一定样样都亲自动手，但对孩子的教育和平时的管教，母亲一定要承担起责任。正是出于这样的考虑，斯特娜夫人奉劝天下父母在孩子出生以后要慎用保姆。大多数保姆会对孩子说，不许做这个，不许做那个，因为这样她最省事。但这样一来，非但不能提高孩子的能力，反而会使之更加萎缩。并且，孩子在这样的保姆的抚养下成长，会形成各种不良习惯。

那么，我们怎样才能做一个好母亲呢？美国一家杂志曾经对读者做了一次问卷调查，问他们的母亲是如何教育他们的，以及怎样才能做个好妈妈。下面是一些来信的摘录。

第一，读书是关键。

在我童年时，我记得母亲每天都读书给我听，并常常带我去图书馆。我清晰地记得我第一次读书给母亲听时，她的眼里带着泪花。在我有了女儿爱米后我也一直读书给她听——从她出生的那一天起，因为婴儿也爱听读书时那有节奏的声音。我的女儿爱米是一个好动的孩子，一会儿也坐不下来。但是在她两岁半时，每天夜里她都要带上20本书放在自己的床边。当她能够复述我给她讲的《棕熊》时，我的眼里也涌出了泪水。

第二，使用神奇的接触。

当妈妈同我聊天或当我问她问题时，妈妈总是抚摸我的胳膊、手、肩和头，她时而将我额前的刘海梳梳，时而将我的头发拢在我的耳后。这些动作让我们这些孩子感到自己被珍视。现在我养育了两个孩子，当他们在我身边走过时，我都要去抚摸一下他们。

第三，不要抱怨。

我知道我父母比任何人都努力地工作，以养育我们和送我们上大学，但我从来没有听他们说过疲倦或者要我们给他们回报。

妈妈现在身体不太好，但她从不把她的健康问题归咎于其他人。

第四，停止指手划脚的评论。

我母亲经常说："不要急于评论其他母亲是如何养育孩子的，免得在最后你发现也许你还没有她们做得好。"对一个家庭正确的东西对另一个家庭也许是行不通的。因为孩子们有不同的需要和不同的个性，家长也有不同的要求与习惯。只要不存在虐待与冷淡孩子，我们就不要去絮絮叨叨地评价别人家的教养方式。

第五，不要老是坐在电视机旁。

我母亲限制我看电视的时间和电视节目的种类。她常常说童年时光很珍贵，很美好，不要只坐在那"方盒子"前。因此我的童年不仅有电视卡通，还有野外早餐、攀登翠绿的山冈、玩耍和交谈。

现在我也是一个母亲了，我继承了这种少看电视与录像的教养方式，结果是我和我的孩子们有更多的时间去阅读、唱歌、烹饪、交谈与去图书馆。我们家也更安静，因为没有电视吵吵闹闹的声音。我的孩子们被"强迫"通过看书读报去发展他们的想象力。

第六，充分享受两人品茶的欢乐。

和孩子一起饮茶的作用是相当大的。以前当我神情忧伤地从学校回到家时，我妈妈总是沏上一壶茶，然后我们边喝边聊。我们在一起的时间没有电视的打扰。在这安静的时刻，我乐于说出心里的任何想法、看法，甚至小秘密。无论是她对我劝告还是只让我去诉说，都能使我慢慢平静下来。我们现在还保持着这种方式：无论何时，当我看到妈妈有些神伤时，都会沏上一壶热茶。现在每当我的两个女儿与我谈论她们的问题时，也都将有一壶好茶陪伴着我们。

第七，庆幸孩子们的差异。

我的母亲并不强求我们与别人一致，现在我试着对我的孩子做得更好一些。我母亲认为，每一个孩子都有独特的能力与兴趣，绝不能统一要求孩子们，应该让他们成为他们自己，帮助他们去激发他们的潜能——无论他们选择了什么道路。最重要的是，要记住平等并不意味着给你的孩子们绝对相同的东西，而是给每一个孩子他所需要的东西。

不让孩子分担家务

都说智商、情商和财商是综合能力的三驾马车，智商已经被众多的教育家们说"烂"了，情商在教育界正当红。论资排辈，财商还算是新事物，有远见的妈妈们正在慢慢接受它。

金钱不是万能的，没有金钱是万万不能的。谁都不希望自己的男孩将来是一文不名的穷光蛋，更不想孩子的一辈子都由家长来埋单——那样的男孩永远不知道成功的滋味。男孩有所成就，比妈妈自己有成就更令人高兴，"青出于蓝而胜于蓝"，培养男孩的理财意识是大势所趋，会理财的人，能在有限的条件下生活得很好，而不会理财的人，不管挣了多少钱都不能提高生活质量。

金钱是社会的通行证之一，人们拿它来衡量不同的创造，也就是说，必须要有创造，才能有财富。没有创造，就只能受穷。所以，财富教育的第一课，仍然是勤劳。

美国的家庭教育就是以培养孩子富有开拓精神、成为一个自食其力的人为出发点的。美国父母会让男孩从小就树立自立精神，即便是富豪子女，也要外出体验打工。美国前总统里根的儿子，就不靠父亲的权利来为自己安排舒适的工作，而是靠自己的能力去奋斗。

而中国的父母却很缺乏这样的意识，他们习惯为男孩创造最好的物质条件，尽量不让男孩受苦。但是，每个人的一生都不是一帆风顺的，一个人如果习惯了坐享其成、养尊处优的生活，将来一旦面对困难该怎么办呢？男孩总有一天要长大，他们总有一天需要自己去工作、去独立生活，父母不可能永远跟着他。

据不久前的一项抽样调查显示，某市高中生对家务劳动的疏远程度达到了令人吃惊的地步。调查表明，高中生近六成起床不叠被子；五成从不倒垃圾，也不扫地；七成不洗碗，不洗衣服；九成从不洗菜做饭。还有部分高中生什么家务也不做，个别人连整理书包都还要家长代劳。

是现在的男孩真那么懒，不肯做家务劳动吗？调查结果出人意料，有82％的高中生表示愿意做家务，36％的学生认为做家务很开心，是一种乐趣，有40％的学生说妈妈不让做家务，也从不教他们怎么做家务。

妈妈的理由是：他还只是个孩子，现在的任务就是学习，这些事等他长大了再学做也不迟。这些妈妈的一片"苦心"，使男孩们不仅不会做家务，还养成了衣来伸手、饭来张口的习惯，以为别人为自己做什么都是应该的，却不知道自己也有关心与帮助别人的一份责任。

苏联教育家苏霍姆林斯基认为，体力劳动对于小男孩来说，不仅能获得一定的技能和技巧，也不仅是进行道德教育，还是一个广阔无垠的、惊人的、丰富的思想世界。这个世界激发着儿童的道德、智力、审美的情感，如果没有这些情感，那么认识世界（包括学习）就是不可能的。

为了男孩将来能更好地适应社会，让男孩了解妈妈的辛苦与不易，妈妈可以在男孩上小学高年级或初中时，周期性地让男孩当一天（或两三天）家，这是一个行之有效的办法。

具体的操作方法是：找一个周末，让男孩为第二天的生活与活动安排做一个预算与计划，然后从第二天早上起床开始，就由男孩上岗指挥与组织一天的家务与游玩。父母则在男孩指挥下加以配合，需要多少钱，买什么菜，到哪里玩，坐什么车，走哪条路线，均由男孩来筹划。妈妈要放手、信任，不要干预，即使男孩安排得不是很合适，也不要当即否定，而是另选一个日子再与他一起总结，先让他自己提出改进意见，然后再进行补充。相信男孩对这样的活动兴致会很高，也会十分用心和负责任，快乐与收获定会出乎你的意料。

其实每个男孩身上都隐藏着勤劳的种子，小时候他们往往看到妈妈擦桌子，就迈着小步伐跑过来想帮妈妈擦；长大点儿后看到妈妈做饭，就跑去厨房给妈妈打下手，但是碰到这种情况时，妈妈们常常会说："你干不好，让妈妈来。"或者说："一边看书去，别来打扰我做饭。"男孩心中勤劳的小火苗，就是这样慢慢被妈妈熄灭的。等父母发现男孩变得越来越懒的时候，想重新点燃它，就会变得异常困难了。

作为母亲，如果想教育男孩从小养成勤劳的好习惯，首先应该教导男孩有一个积极的劳动态度。俗话说态度决定一切，要男孩养成良好的动手习惯，应先从改变他们对劳动的态度开始，你可以选择对男孩进行言传身教，多给他讲一些勤劳的故事，给男孩制造一个勤劳的家庭氛围，让他从意识上觉得劳动最光荣。只要使男孩养成热爱劳动的习惯，使他们产生认真劳动的渴望，就能使男孩形成勤劳的性格。

让男孩尽早参与家务劳动，要讲究方法，你可以列出一张家务清单，让他每天依次照做。这样，不但可以培养男孩的独立性，也可以使男孩更有责任感。比如可以让男孩帮忙擦桌子、洗碗筷等。当男孩完成了你交给他的任务后，要跟他说声"谢谢"，并给予适时的鼓励。

鄙视身份卑微的人

一天，一位 40 多岁的女人领着一个小男孩，走进美国著名企业"巨象集团"总部大厦楼下的花园，并在一张长椅上坐了下来。她不停地在跟男孩说着什么，似乎很生气的样子，不远处有一位头发花白的老人正在修剪灌木。

忽然，中年女人从随身挎包里揪出一团白花花的卫生纸，一甩手将它抛到老人刚剪过的灌木上。老人诧异地转过头朝中年女人看了一眼。中年女人也满不在乎地看着他。老人什么话也没有说，走过去拿起那团纸扔进一旁装垃圾的筐子里。

过了一会儿，中年女人又揪出一团卫生纸扔了过去。

"妈妈，你要干什么？"男孩奇怪地问妇人，女人摆手示意他不要出声。

老人再次走过去把那团纸拾起来扔到筐子里，然后回原处继续工作。可是，老人刚拿起剪刀，第三团卫生纸又落在了他眼前的灌木上……就这样，老人一连捡了那个中年女人扔的六七个纸团，但他始终没有因此露出不满和厌烦的神色。

"你看见了吧！"中年女人指了指修剪灌木的老人对男孩说，"我希望你明白，如果你现在不好好上学，将来就跟他一样没出息，只能做这些卑微低贱的工作！"

原来男孩学习成绩不好，妈妈在生气地教训他，面前剪枝的老人成了他的"活教材"。

这时，老人放下剪刀走过来，对中年女人说："夫人，这里是集团的私家花园，按规定只有集团员工才能进来。"

"那当然，我是'巨象集团'所属一家公司的部门经理，就在这座大厦里工作！"中年女人高傲地说着，同时掏出一张证件朝老人晃了晃。

"我能借你的手机用一下吗？"老人沉思了一下说。

中年女人极不情愿地把手机递给了老人，同时又不失时机地开导儿子："你看这些穷人，这么大年纪了连手机都买不起。你今后一定要努力啊！"

老人打完电话后把手机还给了妇人。很快一名男子匆匆走过来，恭恭敬敬地站在老人面前。

老人对那个男子说："我现在提议免去这位女士在'巨象集团'的职务！"

"是，我立刻按您的指示去办！"那个男子连声应道。

老人吩咐完后径直朝小男孩走去，他用手抚了抚男孩的头，意味深长地说："我希望你明白，这世界上最重要的是，要学会尊重每一个人……"说完，老人撇下其他人缓缓而去。

中年女人被眼前骤然发生的事情惊呆了，她认识那个男子，他是巨象集团主管任免各级员工的一个高级职员。"你……你怎么会对这个老园工那么尊敬呢？"她大感不解地问。

"你说什么？老园工？他是集团总裁詹姆斯先生！"

"啊，他是总裁？"

中年女人一下子瘫坐在长椅上。

无疑，上例中那位妈妈是失败的，很难想象，在她的耳濡目染下长大的那个男孩子，会在生活中学会尊重他人。

妈妈带着孩子去逛街，等车的时候，一位老人过来乞讨，老人衣衫褴褛，蓬头垢面，妈妈赶紧拉着孩子走开了，边走边说："这老乞丐，真讨厌！"

到了百货商场，妈妈看中了一双运动鞋，对一个售货员说："喂，把那双鞋拿给我看看。"

孩子渴了，妈妈给他买了一瓶水，孩子很快就喝完了，刚好商场的保洁员在一旁清理垃圾箱，"喂，扫垃圾的，这个瓶子给你。"

吃饭的时候，刚好碰到妈妈的顶头上司也来同一家餐厅，妈妈热情地跟他打招呼："哟，王经理，您也来这吃饭呀，要不过来一起吃吧。"

……

妈妈的所作所为，孩子看在眼里，记在心里。这天，妈妈乡下的姑妈来城里办事，顺便过来看看他们，给他们带来了一编织袋的土特产，孩子看着姑奶奶土气的打扮，不屑地说："乡下的东西，谁稀罕！"

听了孩子的话，全家愕然。爸爸一怒之下，拉过孩子，狠狠地在他的屁股上打了一巴掌："你这孩子，怎么没大没小的！"

挨了爸爸一巴掌，孩子号啕大哭，他不知道自己哪儿错了。

爸爸不知道，在妈妈的耳濡目染下，孩子已经学会了将人分成三六九等。

妈妈是孩子的第一任老师，也是孩子最亲近的人，妈妈的所作所为容易被孩子认为是天然合理的；并且，由于孩子知识经验贫乏，辨别是非能力差，对妈妈的言行会不加选择地模仿。因此，妈妈要求孩子做到的，自己必须要以身作则。例如，要求孩子孝敬长辈，自己首先要敬老；要求孩子尊重别人，自己首先要尊重别人，对每一个人都一视同仁。

作为孩子的启蒙老师，妈妈不仅仅要教会孩子基本的生存技能，更要以身作则，教育孩子尊重父母、尊重身边的亲人。一个不懂得尊重别人的孩子，他对自己的言行举止肯定也不会有最基本的尊重，极端的甚至连自己最宝贵的生命也失去尊重。进入社会，孩子就成了大社会的一份子。作为社会成员，尊重他人，才会赢得别人的尊重。握一个手、道一声好，别人遭遇不幸时持一种同情、怜悯之心，而不是漠然、讥笑；自己获得了成功也不傲然自大，而是谦逊、随和，这才是一个社会中的人，才是一个真正大写的人。

做好妈妈的四条秘诀

多培养拥抱孩子的习惯

人们普遍认为"常抱会养成习惯"，意思是说：常常以抱止哭，容易惯坏孩子。果真如此吗？如果说这是意味着"别溺爱""别太宠"的一种警告性提示，那是可以认同的。但如果矫枉过正，尽量避免拥抱婴儿，就值得商榷了。

正在哭的婴儿，如果有人将他抱起来，就会停止哭闹而绽开笑容——这是父母们都体验过的事。

井深大指出，对于尚不能用语言、动作来表达想法的婴儿来说，哭是唯一的自我表现的方法。须知，婴儿只要在哭，便是或多或少要诉说心中的感觉，对于他所代表意志的召唤不予回答，就等于片面地拒绝了婴儿的要求。

特别是出生不久的婴儿和母亲的肌肤接触，即所谓的皮肤关系，在孩子的心灵发展上最为重要，这已是一般的常识。

关于这方面的经验，十多年前曾有美国的专家以猴子做实验而提出了有趣的报告。

威斯康星大学灵长类研究所所长哈里·哈洛博士，将刚出生的小猴子从母猴怀中移开，换用人工制造的妈妈，来观察小猴对母亲的需求情形。

哈洛博士准备了铁丝做的和布块做的木偶代用妈妈，并分别在木偶身上通电流使之产生体温，有的带奶瓶，有的会轻轻摇动。

结果发现，小猴最喜欢有体温的、触感柔软的、有奶及可以被摇晃的假妈妈。因此，哈洛博士强调，人类的婴儿也和小猴一样，需要的是奶与温暖、柔软的触感，以及轻轻摇动的感觉，而母亲温和地怀抱婴儿，对婴儿的心理发展无疑是最重要的。

井深大说，他之所以主张"应多培养拥抱孩子的习惯"，无非也是希望借此充分地做好母子间的思想沟通。肌肤关系，是培育丰富情感的基石。

成长中的男孩需要家长更多的细微关心和更多的拥抱。妈妈对于男孩要多关心，要经常问问男孩最近的学习和生活状况，询问一下男孩掌握的知识有多少，最近阅读了什么样的好书，应该尽量多表扬男孩，让他感觉到自己每天都有进步，哪怕他今天只是改正了一个缺点。妈妈的拥抱与鼓励是不可少的，最起码会让男孩具有一定的自信心，让他懂得今后去更加主动地学习。

请放下那副"教育孩子"的架子

李丽刚从国外回来，那里的许多人和事仍历历在目，如一些家长蹲着，和孩子在一个水平高度上面对面地谈话，给她留下了很深刻的印象。

第一次见到这种情景是在她住的朋友家。一个周末，他们请了一对青年夫妇和孩子来吃晚饭。当这个两岁多的孩子吃饱后要下地去玩时，孩子的母亲也立即离开餐桌，蹲下来面对着孩子说："你是不是坐到离餐桌远一点儿的地毯上去画画？"孩子高兴地坐到那边独自玩去了。当时，她对这位家长蹲下来对小孩子说话的举动虽然感到讶异，但以为这只是这位妈妈特有的教育方式而未再多问。

又一个周末，学校的一位秘书尼蒂请她到她家做客，她又一次见到这动人的情景。尼蒂有一双可爱的儿女，当他们准备乘车一同去超市时，4岁的儿子罗艾姆因为姐姐先坐进汽车而不高兴，尼蒂在车门口蹲下来，两只手握住儿子的双手，目光正视着孩子，诚恳地说："罗艾姆，谁先坐进汽车并不重要，对吗？"罗艾姆看着妈妈，会意地点点头，钻进了汽车并挨着姐姐坐了下来。第二天上午，李丽和尼蒂一家去公园玩。当罗艾姆同姐姐跑跑跳跳，要到湖边去看戏水的鸭群时，不小心绊了一跤，眼泪在他的大眼睛里滚动着，马上要流出来了。这时，尼蒂又很自然地蹲下来，亲切地对儿子说："你已经不是小宝宝了，是不是？你已经是个大男孩了，绊一下是没关系的，对吗？"李丽也学着在一旁蹲下来，面对着罗艾姆说："是的，你是个大男孩了，对吗？"孩子一下子就收住了眼泪，很自豪地玩去了。

这时，李丽禁不住同尼蒂谈起了这样的教育方式。尼蒂说："与孩子说话当然要蹲下来呀！他们年龄小，还没有长高，只有大人蹲下来，才能和他们平视着说话。在我小的时候，我的父母就是这样同我说话的。我认为，孩子也是独立的人，因为他们比成人矮一些，所以成人应该蹲下来同他们说话。"

实际上，这里的"蹲下"并不只是动作和行为上的"蹲下"，它更多的是传达与孩子站在相同立场上的观点。

或许妈妈早已习惯了站在成人的立场，以成人的思维方式为孩子分析问题，告诉他们应该如何去做，这会使他们怯于亲身去体验。如果我们坚持认为自己知识渊博，总是滔滔不绝地向孩子灌输，不厌其烦地纠正孩子的错误，我们就限制了孩子自己去积累知识的机会。而且，这种认为孩子这也不行、那也不行的态度，会极大地打击他们的积极性，使他们丧失自信。要学会站在孩子的角度思考问题，我们所要表达的爱，是要对方能接受的，千万不可因"爱"而生"碍"。

妈妈只有放下架子，和孩子平等交流，才能真正走进孩子的内心，给孩子以鼓励和帮助。

以身作则，培养诚实的男孩

老师打电话来说孩子一个下午没去学校，于是等孩子回来，你问他：

"下午上课怎么样啊？"

"嗯，挺好的。"

"老师都讲什么了呀？"

"哦，讲的……讲的课文。"

这个时候，你知道孩子说谎了，但是应该怎样做才能既让孩子认识到自己的错误，又能让他以后不再撒谎呢？

诚实，不是天生的，而是在后天的教育环境中养成的，英国著名的哲学家罗素说："孩子不诚实几乎总是恐惧的结果。"他们因为害怕父母的责罚而不敢承认自己的错误，或者为了达到某种目的而不得不撒谎。其中，父母对孩子的态度，是造成孩子是否诚实的一个重要因素。

美国一位著名心理学家为了研究早期教育对人一生的影响，在全美选出 50 位成功人士，他们都在各自的行业中获得了卓越的成就；同时又选出 50 位有犯罪记录的人，分别给这 100 个人去信，请他们谈谈母亲对他们的影响。有两封回信给他的印象最深。一封是来自白宫的一位著名人士，一封是来自监狱的一位服刑犯人。他们谈的都是同一件事：小时候母亲给他们分苹果。

那位来自监狱的犯人在信中这样写道：

小时候，有一天妈妈拿来几个苹果，红红绿绿，大小不同。我一眼就看中一个又红又大的苹果，十分喜欢，非常想要。这时，妈妈把苹果放在桌上，问我和弟弟：你们想要哪个？我刚想说要最大最红的一个，这时弟弟抢先说了我想说的话。妈妈听了，瞪了他一眼，责备他说：好孩子要学会把好东西让给别人，不能总想着自己。

于是，我灵机一动，改口说："妈妈，我想要那个最小的，最大的留给弟弟吧。"

妈妈听了，非常高兴，在我的脸上亲了一下，并把那个又红又大的苹果奖励给了我。我得到了我想要的东西，从此，我学会了说谎。以后，我又学会了打架、偷、抢，为了得到想要的东西，我不择手段。直到现在，我被送进监狱。

那位来自白宫的著名人士是这样写的：

小时候，有一天妈妈拿来几个苹果，红红绿绿，大小不同。我和弟弟们都争着要大的，妈妈把那个最大最红的苹果举在手中，对我们说："这个苹果最大最红最好吃，谁都想要得到它。很好，现在，让我们来做个比赛，我把门前的草坪分成三块，你们三人一人一块，负责把它修剪好，谁干得最快最好，谁就有权得到大苹果！"我们三人比赛除草，结果，我赢得了那个最大的苹果。

我非常感谢母亲，她让我明白一个最简单也最重要的道理：要想得到最好的，就必须努力争第一。她一直都是这样教育我们，同时自己也是这样做的。在我们家里，你想要什么好东西都要通过比赛来赢得，这很公平，你想要什么、想要多少，就必须为此付出努力和代价！

小时候，妈妈给孩子灌输的是一种什么样的心态，他长大了便会用什么样的心态去对待身边的事与物，你也可以通过分苹果这样的小事，给孩子灌输一种积极诚实的心态。如果孩子撒谎时你睁一只眼，闭一只眼，不闻不问，听之任之。那样，就会变成一种放纵，孩子会越说越厉害，直至走上邪路。

那么，怎样才能让孩子成为一个诚实、不撒谎的孩子呢？

第一，不要在孩子的面前说谎。

要想孩子成为一个诚实的人，妈妈就应该先给孩子起到一个良好的表率作用。如果哪天你带着孩子去买东西，小贩不留神多找了你钱，你赶紧装作不知道拿着东西走了，而这一幕正好被细心的孩子注意到，那以后你要再给孩子讲应该怎样做一个诚实的人，他还会相信你吗？

第二，要鼓励孩子承认自己的错误。

有时候，当孩子做错一件事情，说谎往往比说真话更能免受处罚。对于这种情况，妈妈不宜急躁，应先查明孩子说谎的原因，了解他撒谎的动机，让孩子明白没有撒谎的必要。孩子自然不会再惧怕处罚。

第三，肯定、表扬孩子承认错误的态度。

当孩子承认错误的时候，千万不要责怪他，而应该对他承认错误的态度加以肯定，让孩子体会到诚实的可贵。大多数妈妈认为，孩子主要是因为不知道撒谎的严重后果才说谎的。事实上，孩子说谎有时是因为说了真话会受到惩罚，所以他选择说谎来逃避惩罚。试想一下，当孩子第一次撒谎承认错误后，你不但不肯定他的勇敢，还无情地责怪他，下次再犯错的时候，你还能指望孩子对你说实话吗？

第四，对孩子的撒谎行为进行一定的处罚。

适当的处罚可以让孩子知道撒谎的代价，以便以后不再犯这样的错误。比如，孩子打碎了碗，但是却说谎了，你了解真相后可以罚孩子自己把碎片收拾干净。

养育男孩，要"狠"一点儿

疼爱孩子是母亲的天性，但是如果疼爱过了头，那就变成溺爱了，溺爱只会害了孩子。作为母亲，千万不要让溺爱害了孩子。

教育男孩，最忌讳的就是溺爱。一个在溺爱环境中长大的男孩，别指望他将来会有出息。对男孩的爱，只能放在心里，表现出来的，该狠还是要"狠"一点儿。要舍得让男孩吃一点儿苦头，不要对男孩的要求全部给予满足。以男孩为中心，一味地溺爱，是不利于男孩身心健康的，对他们的成长极为不利。

一位母亲中年得子，对儿子是百般疼爱，什么都依着他，他要什么就给什么。儿子是个比较内向的男孩，平时不爱和人交往，学习成绩也是普普通通。高中毕业之后，儿子没有考上大学，母亲就将他送入了一所私立大学读书。在儿子读书期间，妈妈每两个星期都要到儿子的学校去看望他，生怕他有什么不适应。

大学毕业之后，母亲并不鼓励儿子主动去找工作，她对儿子说："你是大学毕业生，可以找一份好点的工作。"意思是不让儿子出去受苦受累。于是儿子很心安理得地在家里待了两年，但是什么工作都没有找到。后来父亲不得已帮儿子找了一份很普通的工作，结果儿子上班不到一个月就回来了，说不适应，而这一回来，就在家里待了4年，这4年中不出家门一步。

看到儿子这样，做母亲的十分担心，但还是一味地由着他，但是老两口年纪一大把，这么下去，儿子以后怎么办呢？父亲为此渐渐变得不爱说话了，心中的压抑堆积了起来，最后得了忧郁症。父亲住院了，儿子也不去看望，而母亲不得不在照顾了丈夫之后再回家给儿子做饭。

这是一个真实的故事，可以说，儿子之所以走到今天，都是妈妈过度溺爱的结果。这样的男孩，如此自闭、冷漠、寡情、无能，几乎等于一个废人，更谈不上什么男子汉了。这是孩子的悲剧，更是母亲的悲哀。

一般来说，在家庭当中，母亲溺爱孩子，最典型的表现有以下几种：

第一，对男孩给予"特殊待遇"，使男孩滋生优越感。

有很多母亲依然抱着"重男轻女"的思想不放，或者由于男孩是家里的独生子等原因，在家里的地位高人一等，处处都会受到特殊照顾。这样的男孩必然是"恃宠而骄"，变得自私没有同情心，不会关心他人。

第二，对男孩的各种要求"无条件满足"。

有的母亲对男孩的各种要求总是无原则地满足，儿子要什么就给什么。有的母亲觉得"再穷不能穷孩子"，即便自己省吃俭用，也要满足男孩的无理要求。这样长大的男孩必然会养成不珍惜物品、讲究物质享受、浪费金钱和不体贴他人的坏性格，而且毫无忍耐和吃苦精神。

第三，对男孩过分保护。

有的母亲为了男孩的"绝对安全"，不让孩子走出家门，也不许他和别的小朋友玩。更有甚者，变成了儿子的"小尾巴"，步步紧跟，含在嘴里怕化了，捧在手里怕摔了。这样养成的男孩一定会变得胆小无能，丧失自信，养成依赖心理，或者是在家里横行霸道，到外面却胆小如鼠，造成严重的性格缺陷。

第四，袒护男孩所犯的错误，成为"护犊子"。

当男孩犯了错误的时候，妈妈总是视而不见，反而说："不要管太严，孩子还小呢。"有时候爷爷奶奶还会站出来说话："不要教得太急，他长大之后自然会好了。"在这种环境中长大的男孩全无是非观念，长大之后很容易造成性格的扭曲。

为了男孩的健康成长，母亲要给予他充分的爱，但是不可以一味地迁就他，这样培养出来的孩子将来会出现很多问题：缺少远大的理想，缺少是非的观念，缺少良好的习惯，缺少挫折教育，等等，直接影响孩子的未来。

第四章

听说之间有玄机——零吼叫养出 100% 好男孩

和男孩沟通有技巧

不在气头上说话

薛飞妈妈和客人正在客厅聊天，薛飞拿着试卷走上前来。"又考那么低！看看这分数！还好意思拿到我面前，真丢人！"妈妈抖着哗哗作响的试卷，像在寻求客人的同情。客人略显尴尬。

"看书去！怎么还不去！你真是笨得够呛！"

看着薛飞没有动静，妈妈更加生气："我说错了吗？他一直都这样，我看是改不了了！"

"我也不报什么希望了！"妈妈气愤失望的表情让薛飞无地自容。

有位客人说道："孩子小，一两次考得不好是正常的情况，别这么说孩子。"

面对客人的担忧，妈妈说："小孩子不说他就不懂，非得我来骂他两句！孩子就得经常说，要不就忘，你看上次我跟老师提了一次他尿床的事，以后不是再也不尿了吗？6岁的孩子还尿床，说出来我都觉得丢人。"

母亲尚且觉得丢人，更何况是作为当事人的薛飞，不仅要忍受母亲的唠叨，还要承受自己被当众揭短的难堪。

"你看看你，笨手笨脚还老忘东忘西的，上次打碎水杯，这次又丢了鞋。有哪件是好事啊？"面对一屋子的客人，妈妈的嗓门一点儿都不小。

对于孩子，家长们总是忘记一个事实：孩子和我们一样，也是个独立的个体，是一个和我们一样有着自尊的人。

先来设置一个场景，假如在公司的年终舞会上，有一个同事突然在大庭广众之下笑说："你的舞怎么跳得这么差啊，就像是大象在扭动。""你唱歌可真是难听。"你会是怎样的反应？实际上，你当众愤怒地揭孩子的短时，他和你此刻的感受是没有区别的。

其实任何人都会犯错，家长的不宽容会让男孩日后也变得苛刻，对别人的要求也会多。当众揭短，男孩容易自卑，走不出家长对自己的描述和定位。

而且，因为家长一次又一次在气头上说的话，孩子认识世界的渠道发生了倾斜。在成长初期，孩子往往通过家长这个窗口来认识世界，来完成和巩固对自己的判断。家长的当众评价无形中对孩子认识世界造成了一定的错误指向，孩子会认为这个世界苛求完美，不会保护个体的尊严，在以后的生活中，孩子也极易将此要求延续到和他人的交往中，甚至当他自己组建家庭后，他的家教模式也会受到严重的影响。

最后，孩子的小心灵也会惧怕赤裸地暴露在众人之前。爱孩子就真正为他着想，停下嘴中的不满，尤其在众人面前。当问题出现时，家长不妨寻求解决的办法，这样远比批评有效。明确地告诉他，他没有做好，他要为自己的过错负责，这样便在建立了孩子的责任意识的同时又转移了自己的愤怒。

伟大的教育家洛克说："父母越不宣扬子女的过错，则子女对自己的名誉就越看重，因而会更小心地维护别人对自己的好评。如果父母当众宣布他们的过失，使他们无地自容，他们越觉得自己的名誉已受到打击，维护自己名誉的心思也就越淡薄。"

在家庭教育中，教育者的心态和教育的出发点直接影响着教育结果，所以不要因为他是你的孩子，就在众人面前让他的缺点一览无余。或者因为无法掩饰你愤怒的情绪，就伤害孩子。孩子的自尊心有时是透明的玻璃物，碎了就很难复原，伤害也许是永远的。

其实，有的家长也明白孩子的自尊心非常敏感，不能伤害。但是有时候看到孩子还是老样子，就忍不住怒火攻心，恶语相向。怎样避免这种情况？很简单，当你觉得自己在气头上的时候，忍住怒气，离开孩子。当你有意识地躲避孩子，就会少说很多令他伤心的话。这也是一个无可奈何的解决方法。

气头上的话，总会放大过去的小抱怨，爸爸妈妈们千万要管好自己的嘴巴。

别让孩子看到你就害怕

这天，在教育咨询中心工作的赵老师收到一封信，是一位妈妈写来的。赵老师打开信，上面写着：

"赵老师：

　你好！

　　我和我爱人都是大学教师，可是儿子却让我头疼不已。他现在上初中了，可是总是说谎。这次期中考试结束后，我问他考得怎么样，他跟我说还行吧。后来成绩出来了，他告诉我考了全班第十名，听到这个消息我和他爸爸都很开心，因为他之前一直都在 20 名左右徘徊。可是，后来我见到他的班主任才知道，原来他只考了全班第 40 名，比以往任何一次都考得差。

　　以前孩子说谎还有些不自在，现在经常编谎话骗我们，居然说得像真的，跟没事人似的。我没法理解，我那么用心地教育孩子，孩子怎么学会了撒谎呢？他考得不好我能原谅，可是我没法原谅他说谎骗人。"

类似这样的案例赵老师接到过很多。看完这位妈妈的信，赵老师的心情也很沉重。他能理解这位妈妈的气愤，但是同时也很同情那个男孩子。因为这位妈妈只看到了孩子说谎骗人，却没有去细心体会孩子在那些日子内心所受的煎熬。

生活中，相信有很多妈妈都有类似的困惑，孩子说谎，她们却不知道是哪里出了问题。很多妈妈以为是孩子品行不好，事实上，简单地将孩子说谎归咎于品行不好是错误的。因为，很多孩子说谎并不是因为品行不好，而是迫于父母的压力。

像上例中提到的那个男孩，他考试没考好，其实内心已经很痛苦了，有很大的压力，不知道如何向父母交代，而恰恰此时，母亲询问他的考试情况，为了不让母亲伤心，他只好编谎话来骗人。尽管他也知道，过不了多久，妈妈就会从老师那里知道自己的真实成绩，但是他却宁可撒谎也不愿意告诉妈妈自己的真实成绩。

这是为什么？因为孩子没有将妈妈当成自己不幸的分担者，孩子这样做，肯定是出于经验。相信在以往的生活中，一定是孩子一做错了事，就会遭到严厉的批评。于是，孩子为了逃避一时的批评就撒谎了。

生活中，很多妈妈习惯把儿童的品行问题归咎于孩子自身，所以习惯指责孩子；可是很少有人去反思自己的教育方式。事实上，孩子的品行习惯依赖于妈妈的教育方式。所以每一位妈妈在思考改变孩子的问题时，切入点永远应该是如何改变自己的教育方式。哪怕你认为孩子的毛病就是来自孩子自己，你也有责任通过改变你自己来唤起孩子的改变。不这样思考，你就永远找不到改变孩子的路径。

当发现孩子说谎的时候，千万不要立即去教训孩子，此时，不妨冷静地坐下来想一想，孩子为什么会说谎，是因为自己给了孩子很大的压力？还是因为在以往的生活中，每次孩子犯错误都会遭到严厉的批评？抑或是不尊重孩子的想法，凡事要求孩子按照自己的意愿生活？……找到原因后再对症下药，这样才是解决问题的根本之道。

只有从根本上消除孩子的后顾之忧，才能让孩子远离谎言，生活在真实的世界里。

告诉孩子"你并不孤独"

每一个孩子都希望父母关注他，但有时很难得到关注。记住，无论再忙，都要抽时间陪陪孩子，当他得到你全身心的关注时，平静的几小时会影响孩子一生的记忆。

世界卫生组织公布的一次研究成果表明，平均每天能与父亲共处两个小时以上的孩子要比其他孩子的智商高。经过许多实例和科学研究表明，父母不管多忙都要抽空陪陪孩子，以满足孩子的情感要求。

"在家觉得孤独"，这恐怕是许多独生子女的感觉和心理。许多父母觉得给孩子吃好的、穿好的，关心他的学习，孩子就会感到很幸福。其实不然，要让孩子感到幸福，绝不仅仅是提供物质上的满足，更重要的是与孩子在精神上有很好的沟通。而每天抽出一定的时间陪陪孩子，就是与孩子进行精神交流的最好渠道。科学研究证明，最有威信的父母就是那些每天能安排一些时间和孩子一起游戏的父母。

"职场父母一定要多挤点儿时间陪陪小孩。你可以把孩子交给保姆、老人，但是谁也取代不了父母在孩子心目中的地位。千万不要以忙为借口把孩子推给保姆、老人，不管多忙，一定要记住和孩子多聊天、多沟通。"这是一位职场妈妈在总结自己的育儿经验时发出的感慨。在孩子小的时候，她和丈夫因为忙于事业，便把孩子送回了老家。他们给孩子创造了很好的物质条件，却忽视了孩子的情感需求。现在孩子长大了，他们也有时间了，但他们却痛苦地发现：孩子根本不愿意和他们沟通。

这些缺少大人陪伴与沟通的孩子被称为"情感饥饿"的孩子。"情感饥饿"的孩子跟别的小孩不同，他们喜欢撒娇、任性，偶尔还会做出一些古怪的行为，而且做什么事情都喜欢用眼睛看着别人。其实，孩子这样做的目的是为了引起大人对他的注意，让大家觉得他很重要。家长在发现孩子有这些行为后，千万不能张口就骂，而应该自我反思一下，看自己是否忽视了孩子的情感需求，是否应该合理安排，挤出些时间多陪陪自己的孩子，让他感受到你对他的爱与重视。

作为父母，无论自己平时工作多忙，每周或者每天都要抽出时间跟孩子们在一起，陪伴他们成长。这不仅仅是享受天伦之乐，重要的是让孩子知道，你是多么在意并且关注他。

有这样一句格言：一个好父亲胜于一百个教师。马克思就是这样一位父亲，尽管他一生都在为人类的解放事业进行着不屈不挠的斗争，却一刻也没有忘记作为一个父亲应尽的责任和义务。女儿爱琳娜在回忆父亲时深情地说："他是儿女们最理想的朋友和最可爱、最愉快的同伴。"

不要随意打断孩子的叙述

每个孩子都有自己的心声，家长一定要耐心去倾听，才能够真正了解孩子的想法、感受，亲子之间才能良好沟通，建立和谐的关系。

东东是小学三年级的学生，最近，老师发现东东变了，以前活泼开朗、上课积极发言的他，现在变得沉默寡言，总是一个人发呆，学习成绩也下降了。老师经过细心的了解，知道了东东不爱说话的原因。

东东以前是个很活泼的孩子，每天放学回家后，都会把学校发生的趣事说给父母听，可东东的父亲是个对孩子要求非常严格的人，他把全部希望都寄托在东东身上，希望东东将来能考上大学，出人头地，因此，对东东的学习抓得越来越紧。他觉得东东说这些话都没用，简直是浪费时间，因此每当东东兴高采烈地说话时，父亲总是会打断他："整天只会说这些废话，一点儿用也没有，你把这心思放在学习上多好，快去做作业！"有一次，东东说班里发生的一件事，正说得兴高采烈时，父亲说："说了你多少次了，让你别说这些废话，你还说，再记不住，看我不打你！"吓得东东一个字也不敢说，回到自己房间里去了。

慢慢地，东东在家里的话越来越少了，每天放学都闷在自己的房间里，因为父亲也不让他出去玩，渐渐地，他的性格也就变了。

亲子之间的沟通交流是影响亲子关系、孩子性格发展的重要方面。许多家长都忽视了与男孩的交流，不注重倾听男孩的倾诉，时间久了，不良的影响就会表现出来。

生活中，大多数父母对孩子在生活上十分关爱，可在真正平等地对待孩子、注意孩子自尊等方面做得却很不够。孩子学习和生活上有什么问题，在向父母诉说时，稍不如意，就会被打断。家长不让孩子把话说完，轻则斥责，重则打骂，对此，孩子只能将话咽回去。据某一项调查显示，70％以上的父母承认没有耐心听孩子说话。

男孩的想法得不到父母的重视，他们只能把自己的秘密埋藏在心里，做父母的就很难知道孩子的所思所想，这样对孩子的教育就会无所适从。男孩的说话权得不到父母的尊重，久而久之，孩子就会与父母产生对抗情绪，以致双方相互不信任，沟通困难。一份调查显示：70％~80％的儿童心理问题和家庭有关，特别是与父母对孩子的教育和交流沟通方式不当有关。另外，父母不让孩子把话说完，一方面不利于孩子语言表达能力的提高，另一方面也易使孩子产生自卑心理。孩子对着父母诉说内心的感受，是提高表达能力、增强社会交往能力的极好机会。

我们都渴望有人听自己说话，在大多数的情形下，人与人不能进行良好的沟通，就是因为只有人说话而没有人听。如果父母们能对孩子的倾诉多一点儿耐心，不急于打断孩子的话，那么孩子遇到事情时就会乐于向父母倾诉，与父母进行良好的沟通。

仔细倾听孩子的诉说并回答孩子的问题对加深亲子关系大有裨益，这可以加强孩子的自信心和安全感。要引导孩子对别人的语言和谈话内容感兴趣，对和别人交谈感兴趣，并且在双方交谈时对对方的讲话感兴趣，对父母讲的故事感兴趣，对儿童电视节目感兴趣，对外语和其他的方言感兴趣。如果孩子能够专注地倾听一段谈话、一个故事和一个电视节目，这说明孩子养成了倾听的习惯。

孩子说话时，无论你有多忙，一定要用眼睛看着孩子，不要随意插嘴，尽量表现出你听得很有兴趣。让孩子发表他们的观点，完整地听他所讲的话，如果你在某一重要原则上不同意他的看法，应告诉他你不赞同他的什么观点，并说出理由。在提出反对意见时不要过于武断，不应否定一切。即使孩子是在胡说八道，也要控制你的火气，不妄下定论，直到完全理解清楚。

一位母亲问她5岁的儿子："假如妈妈和你一起出去玩时渴了，一时又找不到水，而你的小书包里恰巧有两个苹果，你会怎么做呢？"

儿子小嘴一张，奶声奶气地说："我会把每个苹果都咬一口。"

虽然儿子年纪尚小，不谙世事，但母亲对这样的回答，心里多少有点儿失落。她本想像别的父母一样，对孩子训斥一番，然后再教孩子该怎样做，可就在话即将说出口的那一刻，她突然改变了主意。

母亲握住孩子的手，满脸笑容地问："宝贝，能告诉妈妈你为什么要这样做吗？"

儿子眨眨眼睛，满脸童真地说："因为……因为我想把最甜的一个留给妈妈！"

那一刻，母亲的眼里隐隐闪烁着泪花，她在为儿子的懂事而自豪，也在为自己给了儿子把话说完的机会而庆幸。

试想，如果母亲没有听完孩子的话就对孩子进行指责，将对一颗纯净的童心造成怎样的伤害？倾听是了解孩子最有效的途径，家长只有耐心地倾听孩子说话，才能看清孩子的内心世界。

此外，家长应该试着用不同方法使孩子愿意与你交流。作为父母，在倾听孩子说话时，理应更加细心，更加富有同情心。父母应该努力地尊重孩子，从而营造出更加友好的交流氛围。

看到孩子眼里的重大事件

对于孩子来说，他们最幸福的时候，就是在没有父母干涉的情况下做自己喜欢的事情。如果父母能够体谅孩子的心，让他全身心地去做，那么他一定能给家长带来巨大的惊喜。

喜欢篮球的家长，一定不会对乔丹感到陌生。实际上，打篮球就是乔丹小时候最喜欢做的事。

美国一代篮球巨星乔丹是很多人的偶像，他在很小的时候就对篮球产生了兴趣，每天最喜欢做的事情就是打篮球。有一天，他把自己对篮球的爱好告诉了母亲："妈妈，我找到了自己最喜欢做的事，我喜欢上了打篮球，我每天都想打，将来长大了还想去NBA（美国全国篮球协会）打球，成为巨星！"母亲听后，大加赞赏，为他有了自己的爱好向他祝贺："太棒了，孩子，你的话听起来简直棒极了，妈妈支持你！"他的母亲还鼓励他向篮球明星学习。

因为有了母亲的支持，小乔丹每天活跃在篮球场上，好像感觉不到累，在一群伙伴中间，他的球技是最好的。在数年之后，乔丹开始引人注目，并如愿成为NBA篮球巨星。

与乔丹一样，几乎每个孩子都有自己喜欢做的事情，或许是他的兴趣，或许是他的梦想。不幸的是，面对不同的父母，一些孩子的美梦被压制了，有的瞬间破灭。在现实生活中，很多父母常常对孩子感兴趣的事情不屑一顾，甚至向孩子泼冷水，他们认为只有好好学习才是正业。如果孩子的兴趣和你认为的不一致，你会怎么做呢？是支持还是反对？这都是你的教育方法的一种体现。

　　兴趣是孩子最好的老师，这是一句再质朴不过的道理。家长在面对孩子的兴趣时，哪怕有些不可思议，也应给予积极的肯定和鼓励。鼓励孩子去大胆地做自己喜欢的事情，这时，孩子就会从内心产生强劲的内驱力，即使面对各种困难也会主动想办法克服。

　　哈佛育子经验在这方面对家长的建议是，对于男孩喜欢的事情，有些家长担心会影响到他们将来的发展，其实这个大可不必。研究发现，如果男孩有喜欢做的事情，说明这方面可能是他的潜能所在，因为他喜欢，他就会非常投入、充满热情地去做。一个有自己喜欢的事情做的男孩，很容易成为一个健康向上的孩子，只要家长能去培养他的兴趣，陪他做喜欢的事情，去发展他的兴趣，就能使孩子走上一条快乐的人生之路。

父母这样说，男孩才会听

男孩喜欢你与他商量事情

　　家长希望男孩"怎么做"或"不要怎么做"时，都不宜采取强制方式。因为强制的结果，要么使男孩造成被动心理和懦弱性格，遇事没有主见；要么使男孩产生逆反心理，脾气更犟，说什么都不听。

例如，当孩子看电视或小说正起劲儿而忘了已经到学习的时间时，或知道该学习了但不想停下来时，一般不宜立即强制孩子停下来，马上去学习；更不能采取夺下小说，关掉电视等"强硬"的行为。因为这样做，孩子要么不愿意，和父母顶撞争吵，要么即使勉勉强强坐在了书桌旁，也不会专心。结果，既破坏了孩子的兴致，也没有使孩子安下心来学习，使孩子整个晚上烦躁气恼，一无所获，甚至到第二天情绪尚难平静。而没有好的情绪，就不可能有好的效率，这样下去只能是一事无成。

其实在这种情况下你只需要轻轻提醒一句"该停了"或"到学习时间了"，无须多说，随后就走开去做你自己的事，给孩子留下"自觉"的机会。往后，你越是相信他，他就越是会遵守自己的承诺，会按时停下其他活动，及时地坐下来专心学习。

在此之后，明智的父母若想彻底改变男孩的不良习性及给予适当建议时，可以找个适当的时间和机会（例如在散步时），在轻松愉快的气氛下，给他讲明道理。说明一味凭兴趣，总任着性子干，成不了大事，建议孩子以后一定要以理智和意志支配自己的行动。这样孩子一般能愉快地做出"以后到时间就去学习"的承诺。

家长们希望孩子能力强，首先应该在培养其自信心方面下功夫。在独生子女人格调查中，我们发现，家庭的教养方式对孩子的自信心影响很大。家庭教养方式主要有六种类型，即溺爱型、否定型、民主型、过分保护型、放任型、干涉型。其中，民主型家庭教养方式和否定型家庭教养方式对子女的自信心影响最大。一般来说，在民主型家庭中，家长是孩子的朋友，他们经常和孩子商量事情，尊重孩子的想法和意见，经常给孩子表扬和鼓励。所以，孩子的自我接纳程度较高，相应地，自信心、自尊感和成就欲望较强。而生活在否定型家庭中的孩子，家长经常打骂、批评孩子，对孩子的责罚多于赞扬，因此，孩子的自信心相对较差，他们往往不相信自己的能力，总是甘居下游，对未来担忧，对前途充满恐惧。

因此，激发孩子天赋和潜力的重要做法是做民主的父母，对孩子采用民主型的教养方式。家长应尊重孩子，做事经常考虑孩子的想法和意愿，不把孩子当成"附属品"，而当成"独立人"看待。遇事和孩子商量、沟通，多对孩子说"这件事爸爸妈妈想听听你的意思""孩子，这是个严重的问题，咱们商量一下看怎么解决好"这一类商量的话。受到这样的"邀请"，孩子会非常开心。他在家中的地位得到了体现，会从父母的重视中感受到一分尊重，也不再觉得父母高高在上，反而会有种亲近感。

商量的魅力在于，能使家庭关系变得和谐。商量，能使孩子得到大人的尊重，从而使孩子懂得尊重别人，并学会用商量的办法去对待父母和他人，避免冲突和对抗；商量，能使孩子学会从别人的角度来观察事情，思考问题，学会民主和平等、尊重和友谊。

家长在涉及孩子的问题上，尤其要和孩子商量，听一听孩子自己的意见，比如给孩子选什么才艺班、怎样花好零花钱、什么时间看电视、暑假时间怎么安排，怎么玩、去哪玩等，这些都关系到孩子生活能力、兴趣和爱好等的培养。如果不和孩子商量，独断专行，男孩容易产生逆反心理，或对学习丧失兴趣。

80% 的时间倾听，20% 的时间讲话

作为家长的你是否经历过这样的情况：当你拖着疲惫的身体，

努力地打起精神，准备和儿子好好沟通沟通时，却不是被儿子三言两语打发了，就是被噎得半天回不过神来，不但不能达到了解孩子的目的，还惹了一肚子气，逐渐丧失了和孩子谈话的兴趣，以至于越来越不了解孩子，越来越不知道该怎样教育孩子。因此，家长一定要学会与孩子交谈的技巧。

1897年，意大利经济学家帕累托偶然注意到英国人的财富和收益模式，他发现，社会上的大部分财富被少数人占有了，而且这一部分人口占总人口的比例与这些人所拥有的财富数量具有极不平衡的关系。于是，帕累托从大量具体的事实中归纳出一个简单而让人不可思议的结论，如果社会上20%的人占有社会80%的财富，那么可以推测，10%的人占有了社会65%的财富，而5%的人则占有了社会50%的财富。这样，我们可以得到一个让很多人不愿意看到的结论：

一般情况下，我们付出的80%的努力，也就是绝大部分的努力，都没有创造收益和效果，或者是没有直接创造收益和效果。而我们80%的收获却仅仅来源于20%的努力，其他80%的付出只带来20%的成果。这就是"二八"法则。

显然，"二八"法则向我们揭示了这样一个道理，即投入与产出、努力与收获、原因与结果之间，普遍存在着不平衡关系。小部分的努力，可以获得大的收获。起关键作用的小部分，通常能主宰整个组织的产出、盈亏和成败。

所以，我们做事情应该把自己的精力花在重要的少数问题上，因为解决这些重要的少数问题，你只需花20%的时间，即可取得80%的成效。而和孩子谈话，亦是如此。

家长和男孩能够顺利地交流思想，对于相互之间保持良好关系非常重要，家长都希望男孩能跟自己讲讲他们内心的感受，这样家长就可以理解和帮助他们。如果我们问家长："你经常与孩子交流吗？"

得到的回答常常是："当然啦，我们经常说，可他一点儿也不听。"

其实，家长所谓的交谈，其中很大一部分是唠叨、批评、说教、哄骗、威胁、质问、评论、探察、奚落……这些做法不管出发点是多么好，都只会使相互间的关系更加紧张和充满敌意。试想，如果孩子是你的朋友，你总是板起面孔不管不问地说一大堆，你们的友谊还能维持多久？

家长们常常犯一个重要的错误，就是他们说得太多。他们过早地对孩子进行长篇大论式的谈话，并且还常用一些孩子听不懂的词。那些在孩子很小的时候就开始对他们讲大道理的妈妈发现，随着孩子年龄的增长，他们变得越来越不好管教。当他长到十几岁时，他的爸爸妈妈又试图用严厉地惩罚来对待他，但是已经听惯了大道理的孩子甚至比一般的孩子更不接受这种惩罚。

所以要根据孩子的年龄和成熟程度把握好谈话的"度"。美国著名的成功学大师在教导人们怎样对话的时候，建议我们把 80% 的时间留给对方来发言，把剩下 20% 的时间拿来提一些能够启发对方说下去的问题。可以说，对话的过程重在倾听，父母们更应该懂得这个法则。

一般而言，最好对年龄小的孩子侧重管教，而对大孩子则多交谈。例如，告诉 2 岁的孩子电源是危险的所以不能碰，就不如把他的手一把拉开并严厉地说"不能碰"，这样更能使他立即理解你的意思。

可是，如果你不对一个 13 岁的偷偷抽烟的孩子详细解释尼古丁的害处，而是简单地责罚他，便不能收到好的效果。在这些男孩的世界中，他们需要大量的空间去表达自己、需要耐心的听众，爸爸妈妈们应多多倾听，让他们说出自己的想法，并且及时解答他们的疑惑。这就像大禹治水，重在疏导，而不是想办法用东西堵塞。

训练孩子"不唯父母是听"

如果一个孩子从来不与人争辩，看上去总是一副与世无争的样子，那么这个孩子的勇气、进取心和正义感就很值得怀疑了。父母在教育孩子的时候，更要注重孩子是否以自己的观点来和父母进行争辩讨论，这样有利于判断孩子的独立思考、辩论的能力。

随着男孩年龄的增长，到了3~4岁时，其独立欲望明显增强。他们开始意识到自己的存在，不愿处处被人压制，不满足于模仿成人，而是要求独立思考，独立行动。如果父母对男孩照顾过多，干涉过多，就会使他们特别反感。其突出表现是不听指挥，自行其是，经常跟父母顶嘴，令父母头疼。随着年龄的增长，大概到了7~8岁，男孩和爸爸妈妈顶嘴的事就多了起来，到了11~12岁时，男孩几乎会天天和爸爸妈妈顶嘴。所以，如果不能够从一开始就很好地解决孩子顶嘴的问题，以后做父母的就会更加头疼。

现在的男孩接受教育较早，看书看报多，接受知识多，他们的知识面比父母当年要宽得多。这直接的结果就是判断是非的能力强了，要求独立的心理强了。我们应该看到，顶嘴也是他们表达自己判断的一种特定方式。男孩追求独立性，要加强自己判断是非的能力，这与男孩的"不良品行"是不能相提并论的。男孩表达自己的判断，不可能像大人那样圆滑和委婉。所以对男孩的顶嘴，家长不要一概斥之为不礼貌，不尊敬长辈，要区别对待。

心理学家认为："能够同父母进行争辩的孩子，在以后会比较自信，有创造力，也会更合群。"事实表明：争辩有利于思想的沟通。因此，孩子与父母争辩，父母不应怕丢面子，不要担心孩子不听话，不尊重你，与你为难。孩子也是讲道理的，你与孩子争辩时，孩子觉得你讲道理，会打心眼儿里更加爱你、尊重你、信赖你。你要孩子做的事，他通过争辩弄明白了，会更心悦诚服地去做。

然而，中国的家庭教育更多却是"听话"教育，"听话"是中国父母对子女教育的口头禅。听话的孩子就是好孩子，这是中国传统教育下人们的一种共识，"听话"成了中国家长对孩子使用频率最高的两个字。

男孩小的时候，自理能力差，让孩子按大人的意愿去活动，避免出现危险，总用"听话"教育孩子无疑是对的。但是，随着男孩逐渐长大，自我意识逐渐加强，就不能总用"听话"两个字去进行教育了。

总是用"听话"两个字去教育男孩，势必在孩子的幼小心灵里灌输一种观念：大人的话、父母的话、老师的话都是对的，这在相应程度上限制了儿童质疑精神的发展，会使孩子形成唯唯诺诺的性格。

试想，如果一个男孩处处、事事都按父母的话去做，按照老师的话去做，而没有自己提问题的心理空间，这样培养出来的孩子能有创新意识吗？能有创新能力吗？父母应该允许争辩，不要介意孩子顶嘴，这看起来是管教态度，实际上是教育思想和理念的一种反映。

但是，如果孩子顶嘴习惯成自然，也不利于他的学习和成长，甚至会影响他长大成人后的人际关系。对于孩子的顶嘴，专家开出如下"药方"，"药方"的主旨是，要从父母自身做起：

1.建立和谐的家庭氛围。如果家庭成员彼此间缺乏尊重，动辄脏话满嘴，或者互相说些"抬杠"的话，男孩一旦具备了一定理智水平，就会从心底不尊敬父母，顶嘴便成了家常便饭。家庭成员之间要相亲相爱，互相关怀，即使存在分歧，也尽量不要在孩子面前争吵，而要通过协商解决。

2. 尊重男孩要求独立的愿望。放手让男孩自己去干、去做、去想，父母尽可能为孩子提供活动机会，创造活动环境。不要一味地要求孩子按照成人的模式行动，当孩子有了一个与众不同的设想或者做了一件从来未做过的事时，父母应积极支持，及时赞许。

3. 引导男孩说理，为自己申辩。固执地要求孩子按照自己的要求去做而不顾及孩子的感受，这样孩子会感到很委屈。发扬家庭民主，给孩子更多的发言权，首先要允许孩子申辩，鼓励孩子申辩。既然你批评孩子，就应允许孩子有这种权力。这样的好处是让孩子感到无论做什么，有理才能站稳脚跟，对发展孩子个性很有利。

4. 培养男孩良好的性格品质。父母要教育孩子尊重长辈，启发男孩对别人的意见要多动脑筋，认真考虑后再讲话，以培养稳重、忠实、善于克制自己的良好的性格品质。

5. 注重与孩子的精神交流。每个孩子都渴望得到成人的理解，父母应学会经常听听孩子的意见，努力理解他们的感受，并用"我想……"来表达自己的意见和评价，使孩子感到父母的温存、抚爱，从而乐于接受父母的意见。

6. 父母的教育方式不能简单粗暴。父母教育男孩时，不要用命令的方式。如果只是发号施令和严厉训斥，孩子会暂时做出听话的样子，但他再稍大一些，则不会买父母的账，会引发逆反心理和对抗情绪。

7. 批评教育男孩切忌唠叨。父母对男孩的不当言行，有责任做必要的提醒、忠告，乃至严肃的批评，但必须言简意赅，切忌一味重复，有的父母缺乏这方面的知识，说话抓不住重点，反反复复，唠唠叨叨，让孩子十分厌烦，这也是引起孩子顶嘴的原因之一。

你是唠唠叨叨的"唐僧式家长"吗

小乐早晨喝完牛奶，就在手上抛着空盒子玩，结果一不小心把空奶盒从窗户扔了出去，正巧打着了楼下的一位阿姨。

"谁这么没素质啊，乱扔东西，哟，里面还有牛奶呢！脏了吧唧的……"

小乐一下子意识到自己闯祸了，蹲在窗户边上不敢出声。在一旁的爸爸觉得这是一个很好的教育机会，马上斥责孩子："你知道这种行为的严重后果吗？"

"爸爸，我错了，我以后再也不往楼下扔东西了！"小乐眼里的泪水已在打转。

"幸亏你扔的是纸盒，如果是铁盒、砖块呢？还不把人家脑袋砸破？万一砸出人命来怎么办？人人都往楼下扔东西，这个小区还能住人吗？"

"爸爸，我不是故意的，我正在……"

"大人说话的时候，你哪来这么多借口？越来越没有规矩了。"

"你自己犯了错误，不知道主动道歉，却躲在这里，我平时是怎么教育你的？"

……

爸爸连连质问、斥责，由纸盒到铁盒到砖块到人命，说了一大堆，越说越严重，越说越玄乎，似乎还不满足，仍想继续"发挥"，但这时，小乐已经变得充耳不闻，表情淡漠了。

经常有家长抱怨，说孩子不听话，一件事讲好几遍也听不进去，讲多了，孩子又嫌自己烦。其实家长应从自身找原因，唠叨的家长往往是缺乏自信、性格软弱的人，对自己讲过的话、做过的事不放心，才会一遍遍地重复。男孩生长在这样唠叨的环境中，很难形成良好的个性。

有位老师，问过孩子们这样一个问题："你们最喜欢什么样的爸爸妈妈？"结果比较集中的回答是：

"平时不多唠叨，而当我心里有事时，他们——"

"说得上话！"

"救得了急！"

"解得了闷！"

……

家长在教育孩子的过程中，的确需要讲究"语言艺术"，唠唠叨叨只会给孩子带来厌烦的情绪。

孩子犯错误后，你还念念不忘地时常唠唠叨叨？

当孩子想要与你交流时，你是否依旧自顾自地说，而不在意孩子的沟通意念？

唠叨并不只是一再地重复要求，即使你加了"请"这个字，还是充满了命令的意味。一个不停地嗡嗡作响的警报器是每个人都想关闭的。

男孩不会主动穿衣服、洗澡、做功课、做家务、吃饭、打扫卫生诸如此类的事情，家长要有耐心去教导他们，但是有的家长常会唠唠叨叨的。假如你认为有必要重复地说，那就要改变唠叨的语气，换成提醒的口吻。唠叨让人很厌烦，易招致怒气，提醒的语气听起来则有帮助的意味，表示你和孩子站在同一边。

避免唠叨还要切实地提供男孩自由选择的空间。"记住在晚餐前将你的房间清理干净。"这样的说法能给予孩子喘息的空间，尽可能不要经常要求男孩立即做某件事，没有人会对俯冲的轰炸机有正面回应。

没有人喜欢被控制，也没有人喜欢别人告诉他应该怎么做，特别是如果这个"吩咐"并不有趣时。家长越逼迫，孩子就越抗拒，不管他年纪多大，但这并不仅仅是因为他不想做。持续不断地叨念只会升高家长和孩子之间的温度，制造挑战。谁要让步？谁会赢？

还有一点相当重要，家长必须要注意，那就是男孩想要亲近你又不要太依赖你的持续内心交战。"唠叨"刚好就给了他推开你的机会，但这是不好的开场。而尽可能在降低冲突的气氛下帮助你的孩子学会独立，给孩子一些喘息的空间，让他感觉自己有选择权会相当有帮助的。

总之，在这个问题上应注意以下几点：

1. 别只盯着孩子的缺点。

2. 批评的话不宜多。

3. 注意和孩子的情感交流。

另外，父母对孩子讲话也要经过大脑过滤，要讲在点子上，不要信口开河。说出去的话、下达的命令要算数，不能出尔反尔。

言传不如身教：让男孩看在眼里，记在心上

男孩大都"吃软不吃硬"

对于未成年的孩子来说，由于他们不成熟、自我约束力差、自

我纠错能力差，所以在成长过程中不但错误百出，而且经常犯同样的错误。作为成年人的家长最感到头疼的是："孩子怎么没记性？""为什么屡教不改？"于是频繁批评，意图把男孩"骂"醒。但是不管你是苦口婆心地骂、言词激烈地骂，还是语重心长地骂，这种带有批评成分的教育效果都不十分理想。尤其是针对处于青春期阶段的男孩，由于他们的逆反心理作祟，容易与父母形成对立局面，这时候的批评不但无效，反而会适得其反。如果再碰上一个破罐子破摔的男孩，被批评烦了后果更是不堪设想。

老教育家孙敬修先生有一次看见几个孩子在摇一棵小树，孙老并没有上前大声训斥。沉思片刻后，他走过去把耳朵贴在小树上，孩子们看见后觉得很奇怪，好奇地问孙老在做什么。孙老态度严肃，用十分痛惜的语气对孩子们说："你们听，小树在哭呢！因为你们快把它的命根摇断了！"孩子们听了，羞得满脸通红，一个个惭愧地低下了头。而后，孙老和孩子们一起给小树培土、浇水。从那以后，这些孩子不但不再摇树，还成了护树"小卫士"。

孙老在这里采用的是"良性刺激"的方法，把准儿童心理，用极富童趣的话语使孩子从心底里感知犯错、认识错误并改正错误。在批评孩子时，最忌讳不假思索脱口而出的伤人心的话。所以，不管孩子犯了多么不该犯的错误，在批评孩子之前，父母都要平息一下自己的情绪。

一般来说，当男孩犯了错误后，往往心里已经产生了愧疚。所以，父母在批评时，没必要一遍一遍地诉说自己多么痛心，这种做法无异于在孩子心灵的伤口上撒盐。对于已经具备是非判断能力的中学生而言，批评只要点到为止，就会使孩子记忆深刻。如果过度批评，不但不会加深孩子的印象，还会使孩子更加反感。

没有人喜欢被人批评，父母在批评男孩时一定要注意方式方法，尽可能采用积极的批评方式，给批评穿一件表扬的外衣。

已经上高二的小斌仍然"玩"性不改，每周六都要玩一会儿电子游戏。说是"一会儿"，实际上却是好几个小时。因为他每次都要打一局，而一局至少得打过好几关，有时甚至能从头打到尾，这样几个小时就过去了。有时母亲看不过，便吼他："别玩了！快去写作业。"他往往会以"只差一点儿就过关了"为理由，再拖半个小时。

为了帮助儿子改掉贪玩的坏毛病，母亲想了个好办法。又一个周末，母亲约了自己的几个朋友聊天，并让小斌帮忙准备水果。就在小斌为一个阿姨削苹果的时候，母亲提起了如何对待孩子贪玩的话题。几位朋友都有十七八岁的孩子，所以都有话说。其中一位说："我儿子已经上高三了，还整天惦记着玩，家里看得紧，他就到游戏厅、网吧玩，我都快愁死了。"小斌在旁边很紧张，生怕母亲揭自己的底。

小斌的妈妈接过话茬儿说："你越管得紧，他越不听话。我就从来不管小斌，每周他都可以玩一个小时的游戏，而且很守时，说一个小时，就一个小时。"说着，看了看表，然后对小斌说："儿子，到玩游戏的时间了吧？去吧，玩一个小时就停。"

那天，小斌很自觉地在游戏机旁放了一个闹钟提醒自己，一个小时后，干干脆脆地退出了游戏。以后，不管母亲在不在旁边，小斌都只玩一小时，到了时间就立刻停止，再也不用母亲费心了。

小斌妈妈很讲究批评的艺术，她的做法很值得父母们学习。然而，很多父母在批评孩子时，难以做到心平气和。于是，这样的话不绝于耳："都这么大了还不懂事！""就知道玩，这么大了还让我操心！""好的没学会，就学会打架了，你是不是想把我气死？"可想而知，这些话会带给孩子什么样的心理感受。当孩子犯有过错时，家长往往一味责备孩子，甚至打孩子，一点儿也不讲批评技巧，结果往往事与愿违。那么，家长在批评孩子时，应注意掌握哪些技巧呢？

第一，把声音放低。压低声音讲话，容易使孩子注意倾听你说的话，这种低声的"冷处理"，往往比大声训斥的效果要好。

第二，保持沉默。孩子一旦做错了事，总担心父母会责备他，如果正如他所想的，孩子反而会有一种"如释重负"的感觉，对批评和自己所犯的过错也就不以为然了；相反，如果父母保持沉默，孩子的心理反而会紧张，会感到"不自在"，进而反省自己的错误。

第三，使用暗示。孩子犯有过失，如果家长能心平气和地启发孩子，而不是直接批评他的过失，孩子会很快明白家长的用意，愿意接受家长的批评和教育，而且这样做也保护了孩子的自尊心。

第四，批评孩子要言简意赅。有的家长批评孩子时唠唠叨叨说个不停，却说不到要点上，净说一些废话和孩子反感的话，引起孩子的逆反心理，孩子索性左耳进右耳出。所以批评的话不在多，要言简意赅，恰到好处。

第五，批评孩子一定要就事论事。批评孩子的时候不要把过去的事情扯出来，家长常犯的毛病就是喜欢秋后算总账。孩子本来有几件事情做错了，当时父母心情好，就不管不说，等到后来孩子的举动越来越不像话，这才开始发火，而且把已经过去了的事情重新提起，这样做只会增加孩子的抵触情绪。

第六，批评孩子千万不能损伤孩子的自尊心。特别是那些有辱人格的语言绝不能使用，批评孩子的场合也要有所选择，尽量不要当着外人或孩子朋友的面批评孩子。如果批评的场合不对，本来孩子可以接受的意见也会引起孩子的反感。如果伤害了孩子的自尊心，他们甚至会做出某些难以预料的举动，让父母十分尴尬，下不了台。

总之，父母要充分考虑男孩的心理感受。根据孩子的具体情况，采取朋友般的做法，通过谈心、启发、聊天等方式，用委婉的口气指出孩子的不足，用商谈的口气消除孩子的对抗心理，与孩子一起共同分析错误，允许孩子申辩，及时澄清问题真相。这样不仅可以使男孩真正感觉到自己在人格上和父母一样平等，而且可以拉近父母与孩子之间的距离，消除彼此间的隔阂，收到积极良好的教育效果。

身教比说教效果好

批评是扼杀天才的行为，在教育孩子的时候一定要有耐心，家长要循循善诱，让孩子认识到自己的错误，而不要一味地呵斥和批评。无论在任何时候，作为家长都要慎用你批评孩子的权利。

如果批评不当不但起不到教育的效果，还会失去在孩子心中的威信，得不偿失。很多教育专家都建议家长，要尽量避免批评孩子，如果真的要动用批评的武器，也要艺术地对孩子进行批评教育。

已经上高二的小涛仍然"玩"性不改，天天晚上都要玩好几个小时的游戏。

面对这个让人发愁的孩子，妈妈感到很为难，但是小涛有他自己的话说："爸爸每天下班回家吃过晚饭之后，总是坐在电脑桌前玩游戏，看网页，一个晚上就这样耗过去很正常。为什么我就不可以呢？"

妈妈不止一次地对儿子做思想工作，告诉孩子说："你现在的年纪正在上学，等你以后长大了，完成学业了，就可以随便玩了。"尽管妈妈这样讲，但还是很难使孩子心悦诚服，毕竟，他生在一个这样的家庭环境中，所以不懂得学习是一件快乐的事。作为父母，即便我们死死地按住他，就算是把他箍在课桌前，他难免也会心猿意马。

所以，作为家长，千万不要妄想用自己所谓的"威严"来要求孩子，而是首先要懂得反观自己。批评是教育孩子的一种方法，但并不是所有的问题都能用这一种方法得到解决。作为家长，应该让孩子对我们心悦诚服，这样才能够收到最好的教育效果。

在孩子犯错误的时候要保持冷静，要心平气和，批评的时候讲究艺术，不能一味地呵斥和责备。

此外，批评孩子的时候还要注意以下两点：

第一，批评与表扬相结合。平时要本着多表扬少批评的原则，该表扬的时候表扬，该批评的时候批评，孩子会觉得父母是公正的，如果只批评不表扬，孩子会因你只看到他的缺点看不到他的优点而不满，从而不愿意接受批评。

第二，批评孩子要适时适度。孩子的时间观念比较差，昨天发生的事，仿佛已经过去好些天了，加上孩子天性好玩，刚犯的错误转眼就忘了。因此，家长批评孩子要趁热打铁，不能拖拉，否则就起不到应有的教育作用。

多让男孩承担家庭事务

人活在世上，就要学会负责任，而父母要想培养孩子的责任意识，让他处理家务便是一种很好的方式。

在生活中，引导孩子调整好自己的作息时间，安排好自己的事情，做到自己管理好自己。例如：早晨一旦闹钟响起，就一定要起床，上学迟到，自己要负责。在学校里，无论是班委还是各项工作的负责人都要认真负起自己的责任，在活动中得到锻炼，培养责任心；在学习上，每天按时做作业，认真检查，反复练习，形成一种习惯，久而久之就能形成学习的责任心；在为人处世上，遇到困难的时候，首先思考一下自己的责任是什么，然后再去做。

责任心，是一个人的基本素质，是今后他对社会、对家庭的价值体现。一般来说，培养孩子的责任心，家长应把握以下几个常用的原则：

1. 告诉孩子，要对自己负责，同时也要对别人负责。难以想象，对自己不负责的人，何谈对他人负责？因此，家长对孩子责任心的培养应从孩子自身抓起，给孩子灌输责任意识，纠正以往不负责任的举动。

2. 教孩子"只为成功找方法，不为失败找借口"。找借口几乎是人的天性，孩子也不例外。生活中孩子常常会找出这样那样的理由和借口，来推托自己所做的事情。家长们应及时而理性地纠正孩子这种不良的行为习惯，清除滋生"不负责任"的土壤。

3. 帮助孩子树立承担家庭事务的观念。孩子作为家庭的一名成员，既应该享受其权利，当然也应承担一定的家庭责任，包括承担一定数量的家务劳动，父母可通过鼓励、期望、奖惩等方式，督促孩子履行职责，培养其责任心。

4. 引导孩子从小事做起。让孩子在生活中感受责任的分量，哪怕只是倒一次垃圾，洗一块手帕，维护一次公共财物的举动，一件表示同情心的事情。孩子积极主动时应给予表扬和鼓励，疏忽或漠视时应给予批评和修正。只有这样，才能让孩子超越"以自我为中心"，了解自己周围的世界，从而强化自己对他人负责，对周围环境负责的责任心。

5. 父母身体力行，能够更好地感染孩子。父母自身对家庭、对社会的责任心如何，对孩子来说也是一面镜子。从一定的角度来说，父母的责任心水平可以折射出孩子的责任心。

可以不擅长艺术，但不能不热爱艺术

男孩需要艺术的熏陶。但这并不是指每个男孩都要从小学弹琴、学画画，这些应依男孩的兴趣而定。男孩可以不擅长艺术，却不可以不热爱艺术。

艺术可以拓宽男孩的视野，增加男孩的见识，培养自己良好的情趣。有才华的男孩总是会令人印象深刻，并且给人带来愉快的心情，古今中外都是如此。当这样的男孩走入社会后，写一笔遒劲的好字，可以给上司留下深刻的印象；弹一手漂亮的钢琴，让平时普通的他多了一份浪漫色彩；甚至当他以后结婚成家后，做一盘可口的家常菜，更令妻子惊喜和佩服。才艺不仅可以丰富男孩的生活，更有益于养成平和恬静的心境，让他的内心世界和生活本身一样多姿多彩。

一般，男孩在3岁以后，开始对自我和环境有审美要求。到了这个年龄段，会对自己的衣着等各方面产生浓厚的兴趣，有些男孩甚至更早就在这方面有了敏感性，这个时候，如果父母对男孩进行正确的指导、引导、鼓励，男孩就会对艺术产生浓厚的兴趣。

深谙交际技巧的男孩可以很快认识朋友，但要赢得别人的尊重和好感，还需要有自己的见地和特长。

日常生活的感触琐碎细小，终日谈论生活是非，会显得没有风度。而一个思想上站得更高的人，见地往往不同凡响，能赢得听众发自心底的赞叹。那么什么可以让人的灵魂站在更高的境界？答案是艺术。

提到艺术，很多人认为它代表古典音乐、美术、雕塑、舞蹈等具体的学科，因而很多家长认为将孩子送到艺术学校，学一门才艺就算是跨进艺术的门槛了，这其实是对"艺术"一词的片面理解。我们没有必要去用学术的观点讨论艺术的定义，通俗地说，艺术是抒发、传递、调动思想情感的手段。

按照这样的定义，每一个人都是艺术家，每一个人的日常生活都可以成为一门艺术。艺术并不是专属于大师的，它属于每一个人，因而也就没有必要盲目地崇拜西方的交响乐和让我们迷惑的希腊神话。

培养艺术领悟能力的方法之一就是学习乐器、倾听音乐、参观画展等，这一点已经得到很多家长的重视，不论孩子们是否喜爱，家长都愿意花钱将孩子送进才艺学校去受熏陶。但是这样的方式达到的效果是有限的，如果孩子自己不喜欢，反而会增加他的厌学情绪。

针对目前家长和孩子面临的学艺困惑，再去强调学习一技之长的重要性已经显得有点儿多余，我们需要面对的已经不是孩子学习艺术的资金投入问题，而是如何让孩子与父母的相处成为愉快而祥和的艺术的问题。太多家长寄希望于乐器，却忽视了自己对孩子的艺术修养的引导作用。

希腊有个习惯，妇女在怀孕期间要观看美丽的事物，据说这是为了使孩子成为美丽的人。美能使人精神愉悦、情绪放松，而愉悦和舒适能使人变得更加美丽。

教育家斯特娜夫人也建议给孩子营造一个优美、舒适的室内环境。孩子的房间应选择空气新鲜、阳光充足的屋子；墙壁最好是有利于视力发展的暗绿色，上面最好挂有各种美丽的装饰，可以是名画的复制品；床要洁白，被子要软而轻；最好在桌上陈列一些孩子喜欢的雕塑。

与斯特娜夫人的主张相似的还有教育家洛克，他号召家长让孩子多接触音乐，并相信旋律可以刺激大脑的发育。

父母在孩子的生活中处处都留下了痕迹，即便是孩子对艺术的理解也不例外。能够对艺术有敏锐的感知的孩子，心灵往往也敏锐纯洁，这样的心灵需要父母来呵护。说到底，还是要求父母自己有涵养。

如果父母的言语和动作都粗俗不堪，又常常在孩子面前谈论是非、吵架骂人，给孩子留下的就会是一副市井小人的形象，一方面，孩子会模仿，从而成为一个缺少教养的人；另一方面，孩子的心灵也会被父母的大意损伤，这样的孩子面对青山绿水、天高云淡的美景也会无动于衷。

与孩子一起学习名著、排演戏剧、朗读诗文是很好的接触艺术的方式，做孩子的听众，让他在家里演奏乐器，就像开自己的演奏会一样，这是激发孩子学习的最好方式，也是让孩子的心灵得到爱的最好方式。

当然，艺术的魅力不仅是激发心灵、调动情绪，它还能丰富孩子的灵魂，使孩子建立起一种对美的信仰和追求。有艺术修养的人，气宇轩昂、谈吐不凡，更容易赢得别人的敬重，这也是艺术带给人生的一种财富。

第五章

让心智和身体共同成长——男孩打理好自己的情绪

教男孩学做受欢迎的情商高手

情商 VS 智商，孰胜孰负

　　智商跟情商有什么不同？这里，我们可以重新回顾一下智商测试的历史发展。

　　智商：心理学智力测验术语。即智力商数。智力测验者用以标示智力发展水平，它是依下列公式求得的，智力年龄 ÷ 实足年龄 × 100% ＝智力商数。如果某儿童的智力年龄和实际年龄相等，依公式计算智商测验等于 100，即表示其智力相当于中等儿童的发展水平。智商测验者将智商在 120 以上的称作"聪明"，在 80 以下的称作"愚蠢"，他们还认为智商基本上是不变的。如果一个 6 岁儿童的智商为 80，另一个 6 岁儿童的智商为 120，那么小学毕业后他们的智商基本上也分别是 80 和 120。

智商的构成主要有 5 个方面：观察力、注意力、记忆力、思维力、想象力，可以说，我们学习的时候主要是在系统地锻炼智商，一个人的智商的高低既有天生的因素也有后天训练的因素，现在的很多思维游戏、推理游戏、记忆训练等，都是开发人的智商的。

1905 年，法国心理学家就制定出第一个测量智力的量表——比奈－西蒙智力量表，这一测试的出现，几乎改变了整个西方世界的用人标准。不仅孩子在上学前会接受智商测试，连成人找工作也需要接受这一类的测试。1916 年美国韦克斯勒编制了韦克斯勒成人智力量表（WAIS），儿童智力量表（WISC），适用于 4 ~ 6.5 岁儿童的韦氏幼儿智力量表（WPPSZ），韦氏量表于 20 世纪 80 年代中后期引进我国，经过修订出版了中文版，因而应用较广。通过智商测试可了解自己的智力水平、潜能所在，鉴定交通事故导致的智力损伤，为发挥自己的优势，科学填报高考志愿，优生优育等提供科学依据。但是，智商并不是衡量人的能力的唯一标准，这一点却是人们近几年才关注到的。

其实，我们知道的很多了不起的人物，并不仅仅是智商高，更重要的是情商高。"世界上最好和最美的东西是看不到也摸不到的，它们只能被心灵感受到。"海伦·凯勒的这句话不仅是说给她自己的，也是在说给世上每一个人的。一个智力正常或者超群的人，如果不能控制住自己的心灵，无法驾驭自己的情绪，便无法让他的智商发挥应有的作用。古往今来，聪明过人却成事不足的人比比皆是，情商并非是学者创造出来的一个指标，它存在于每一个人的生活细节中。

男孩成长的过程，是他学会接纳自己、接纳他人、接纳社会的过程。他从最开始与家长、朋友、老师磕磕绊绊的沟通，到最后适应校园生活、走向社会，就是情商中自我调节、自我激励、认知他人和处理人际关系的体现。

如果说智商像一辆高性能的跑车，那么情商就像这辆车的驾驶员，决定了这辆车前进的方向、节奏和速度。如果一个人拥有高智商，同时也拥有高情商，那么他不仅可以将自己的能力发挥出来用于正道，还可以惠及别人。情商与智商，共同决定了一个人一生的成就。

情商高的男孩更受欢迎

绝大多数男孩认为人际关系是令他们头痛的事，奇怪的是越觉得它讨厌，就越不容易搞好它。于是，男孩会羡慕那些总受人们喜欢的人，不知他们的成功秘诀在哪儿。其实，差别就在于情商的高低。

高情商者不仅会受到他人的喜爱，也更容易得到别人的帮助。

卡耐基告诉我们：成功 =15% 的专业知识 +85% 的为人处世的技能。当然也有人会说是 80% 的人际关系，但无论是哪个数据，都只是为了说明人脉的重要。因为一个不受欢迎的人是无法得到成功的拥抱的。

俗话说："交一个朋友比得罪一个人强。"这话有一定道理。因为一百个朋友不算多，而冤家只要一个就很多了。所以，平时要做一个广受他人欢迎的人，这样才会有人在你遇到困难时伸出援助之手。否则，别指望得到他人的帮助，别人不对你落井下石已属厚待了。

秦穆公有一个最大的爱好就是养马。有一次，穆公最喜爱的一匹马跑丢了，不久有人报告说这匹马在岐山之下被"野人"捉住。穆公知道后，就兴冲冲地到岐山之下去找马。结果，穆公最喜爱的马已经被这伙"野人"当美餐吃掉了！见到这种场面，穆公心如刀割。他虽然十分气愤，却说出了一句令人意外的话："吃马肉不喝酒会伤身体的，快给他们拿点儿酒来！"于是派人抬来几大桶酒给"野人"助餐。

"太棒了！真是个好王！"

不难想象，围着篝火又吃又喝的一群"野人"那种手舞足蹈的高兴劲儿，大家尽兴而散。

一年以后，秦穆公率军队同晋国军队打仗。晋军人数很多，一时将秦穆公围在韩原（今陕西境内），眼看就要将秦穆公活捉。危急时刻，忽然从晋军后面杀出一支生力军，一下子把晋军打得七零八落，解救了穆公。待解围后，穆公才得知，这支生力军不是秦国的正规军队，而是前一年分食马肉的岐山下的"野人"。这些人因得到穆公的恩赐，念念不忘他的好处，刚刚听到他有难，就赶来解围。这就是"行德爱人则民亲其上，民亲其上则皆乐为其君死矣"。

秦穆公脱险归根结底是由于一年之前的一个恩惠，他以自己的行动向我们展示了一个高情商者的魅力。

对于一个国王来说，自己心爱的马被"野人"所食，一般人肯定会控制不住情绪，把"野人"杀个痛快，但若如此又会给秦穆公带来什么呢？难道能换回他的良驹吗？显然不能。所以说情商的高低决定一个人所思所为的差异，而这一切都决定了你给他人留下的印象、受欢迎的程度。

一个人在生活中经常会遇到种种不如意，有的人容易因此大动肝火，结果把事情搞得越来越糟。而有的人则能很好地控制自己的情绪，泰然自若地面对各种刁难，在生活中立于不败之地。就如同故事中的秦穆公一样，最终靠控制自我情绪而赢得人们的敬重。

情商就是这样一种管理情绪的艺术，如果希望得到他人的欢迎，就要学会了解和管理自己的情绪。掌握并认真利用好这门艺术，将会令男孩受益一生。

心理学家认为，愉快而稳定的情绪，有利于促使脑细胞的兴奋和血液循环，能使人的大脑处于最佳活动状态，此时思路开阔，思维敏捷，解决问题迅速，灵感也容易出现，人的潜能得到充分发挥，智力活动效率提高。同时，对情绪的自我认知感觉能力可以培养人们对直觉的自知力。而直觉是创造性思维活动的基本形式之一，它使主体能敏锐地察觉到事物之间的本质联系，提出独特的见解和科学的预见，对创造性活动尤其是科学研究有着重大作用。

生理素质是主体进行成才活动的前提和基础，对主体成才活动起促进或延缓作用。情商的重要内容之一就是具备控制自己情绪的能力，这种能力越高，主体越能及时摆脱焦虑、愤怒、抑郁、悲痛等不良情绪，保持冷静、乐观、热情、开朗等积极心态。心理医学研究表明：在积极的情绪下，人的中枢神经处于最佳功能状态，人体的内脏及内分泌处于平衡状态，整个躯体协调，充满活力，能为神经系统填充新的力量，充分发挥有机体的潜能，提高脑力劳动的效率和耐久力。相反，长期处于不良情绪下，往往会引起人体病变，引发疾病，延缓、阻碍成才活动。

"智本"比智商和资本更关键

在如今的这个时代，家长留给男孩的最有益资本绝对不是金钱，而是优秀的素质，综合的能力，我们把它称为"智本"。"智本"所界定的范围，当然比"智商"的概念要宽泛很多。在未来的"智本主义社会"，能力才是衡量一个人的根本性指标。

1994 年，一个名叫 Charles Murray 的学者发表了智商研究名著《钟曲线：美国生活中的智商和阶级结构》，主要阐述的道理就是"智商决定论"。

在这本书中，作者明确地表态：如果是在过去的旧社会，你的社会地位是由家庭背景、经济条件等外在因素决定的。而在当今的美国，一切都是由自己的智力决定的，智能最优异的进最好的大学，智能低下的则沉入社会下层。智商和犯罪率、失业率、福利、儿童教育、贫困等都有显而易见的统计学上的相关性，所以需要认真面对。

不仅如此，作者还将自己的研究观点推进了一步，得出亚裔的智商比白人略高，黑人的智商则明显偏低的结论。这个观点遭到了很多人的斥责，被认为有种族主义的倾向，当时无论作者走到哪里讲演，都会被抗议者包围，甚至有大动拳脚的场景出现。

许多心理学家、人类学家、社会学家和教育学家都对"智商决定论"的说法提出过批评，他们认为，智商除了遗传基因的生理层面以外，还有其他的社会层面，因为智商的高低还会在很大程度上受到后天环境的影响，况且智商本身并不能完全决定一个人的成功。

长期关注精英教育的民间学者薛涌先生在他的论著《一岁就上常青藤》中认为，一个人能够获得成功，不外乎三种途径：

第一种情况：出身好。在传统的贵族社会，血统是决定性的因素。你能够拥有多少财富和权力，首先要看你的家门、出身，而未必是你的个人能力。

第二种情况：资本多。在资本主义社会，一生的成败取决于你所掌握的资本，即你是否有钱。虽然能力可以产生金钱，但是一个能力平平的富家子弟，比起住在偏远农村但是个人素质优异的穷孩子来说，还是存在着相当大的优势。

第三种情况：智本高。现在，多数西方国家都进入了一种"智本主义社会"的人才发展模式。在这样的社会里，能力平平的富家子弟很难比得过有着百里挑一素质的穷孩子。因为一个能力平平的人，即便是他掌握着万贯家财，但是却未必能守财，更不用说创造新的财富。他这一笔无法升值的财富很快就会变得微不足道。而一个没有任何资本却以智本取胜的穷孩子就不同了，虽然现在一贫如洗，不过这些都是暂时的，他具有创造的潜力，就如同市场上炒得炙手可热的期货。

卡耐基小的时候生活在一个非常穷困的人家，在他7岁的时候父母就双双失去了工作，使他的生活雪上加霜，欠下的债也是越来越多。家中极度贫困，在卡耐基小小的心里留下了阴影，他常为自己衣服的粗陋破旧而难过。他曾对母亲说：当他在上数学课时，老师叫他到黑板前解答问题，他的脑中一片空白，只是在想大家会笑话他穿的衣服。

这个穷困的苏格兰儿童在登陆美国之后成为社会底层的移民童工，背井离乡，没有钱，没有身份。当时他工作的酬劳是每个小时两分钱，他就是从这里开始起步，一点一点靠着自己的能力成为后来美国富有的人。这些都体现出了"智本主义"的原则。

任何社会的发展都需要能人治世，否则迟早会被社会淘汰。所谓的"智本主义社会"，就是把能力作为唯一的指标来衡量一个人。直到20世纪上半期，能进常青藤学校读书的人一定是白人的社会精英，别的阶层根本无法与之进行公平竞争。而现在就不同了，如

150

果你没有能力，无论是什么样的血统和财富都进不了常青藤；可是如果你有能力，哈佛会舍得一年花 4 万美元请你去读书。这种变化，无不说明着社会的进步，懂得与社会同步的人才能搭上成功的阶梯。而这种现象本身也折射出了现代市场经济的基本逻辑：对高素质的人追加教育投资，会产生极大的经济回报。比如哈佛每年花 4 万美元请比尔·盖茨去读书，而以后他可以创造超出 1 千亿美元的财富。

与其说是智商决定了一切，或者说是出身决定了一切，不如说是素质决定了一切。这种素质所界定的范围，当然比智商要宽泛得多。一个人的素质，比如品格、动机、意志、价值观念等，这些要素更能决定人是否能够获得成功，而且往往比智商更关键。如果父母想要培养一个优秀的男孩，情商教育是必不可少的。

情商可以学习

美国前总统布什说："你能调动情绪，就能调动一切！"1990 年，一个心理学概念的提出在世界范围内掀起了一场人类智能的革命，并引起了人们旷日持久地讨论，这就是美国心理学家彼得·塞拉维和约翰·梅耶提出的情商概念。

情商（EQ）又称情绪智力，是近年来心理学家们提出的与智力和智商相对应的概念。它主要是指人在情绪、情感、意志、耐受挫折等方面的品质。总的来讲，人与人之间的情商并无明显的先天差别，更多与后天的培养息息相关。

长期以来，人们将智商视为人生成败的决定因素，并将它作为衡量个人能力的主要指标。近百年间，研究者设计出五花八门的智商测试方法，接受各种测试的人也数以亿计。尽管研究规模如此巨大，耗时如此之长，但还是有不少人提出了疑问：智商高的人真的比普通人的能力更强吗？

有一个叫威廉·宾德的人，自一出世，他父亲就采用各种手段开发其智力，因为父亲想让他成为世界上最聪明的人。3 岁时他就能用本国语言自由阅读和书写，在当地可谓是神童，4 岁写出了 3 篇 500 字的文章，6 岁写了一篇解剖学论文。他就像一个金矿一样，被他父亲开采着，"聪明"是他唯一的代名词。

小学入学的当天上午他被编入一年级，中午母亲去接他时，他已经是三年级的学生了。他 8 岁上中学，11 岁进入哈佛大学。由此可以看出，宾德的脑子足够聪明，智商不可谓不高。他是众多学子羡慕的对象，但是他后来的求职经历与他的高智商完全不相称，最后他离家出走，在一家商店当店员，一生碌碌无为。

很多人对此感到不解。细心的人们应该还能够回忆起类似于清华大学高才生刘海洋硫酸泼熊事件，不绝于耳的许多国内高等学府的学生因不堪各种压力而跳楼自杀，因一点儿小事而愤然用刀砍死同学……太多天之骄子的言行让人们震惊，人们从此开始寻找问题背后深层的原因。

难道是这些学生不够聪明？还是他们不能意识到问题的严重性？其实这些问题的根源不在于他们的智商，而是他们不懂得控制自己的情绪，于是愤然失控；不懂得调整自己的心理状态，于是在面对人生逆境之时选择走向极端，甚至结束自己的生命。虽然他们有很高的智商，但他们的情商却非常低，可见情商对一个人的重要性。

情商不同于智商，它不是与生俱来的，而是由以下 5 种可以学习的能力组成的。

1. 了解自己的情绪的能力。能立刻察觉出自己的情绪，并从中找出情绪产生的原因。

2. 控制自己情绪的能力。能够安慰自己，感知自己，从而摆脱强烈的焦虑忧郁以及控制刺激情绪的根源。

3. 自我激励的能力。能够及时地整顿情绪，让自己朝着一定的目标去努力，去奋斗，从而增强注意力与创造力，从平凡走向成功。

4. 了解别人、感知别人情绪的能力。能充分地感知别人的情绪并影响对方。

5. 维系并融洽人际关系的能力。

情商与人们的生活、工作息息相关，一个高情商的男孩在学业上容易出类拔萃，走上社会后工作上易于成功，婚姻中易产生幸福感，人际关系如鱼得水。情商是一种能力，也是一种创造，更是一种沟通技巧。既然是技巧，那么就有规律可循，就能掌握，就能熟能生巧。只要男孩多点机智，多点磨炼，多点感情投资，就会像"情商高手"一样，营造一个有利于自己生存的宽松环境，建立一个属于自己的交际圈，创造一个更好地发挥自己才能的空间。

增强男孩的自控能力

男孩"人来疯"怎么办

小博是个 4 岁男孩，平时乖巧听话。可是家里一旦来了客人，小博就像换了一个人似的，拼命展示自己。他会围着客人撒欢，不停地跟客人讲话，让客人手忙脚乱。他还会向爸爸妈妈提出一些过分的要求，他们要是不同意，他就又哭又闹，让大人们都非常尴尬。望着在地上打滚的小博，妈妈只好对客人赔笑道："真是没办法，这孩子就是个人来疯……"

所谓人来疯，是指人类自我表现欲的无端彰显。具有人来疯行为的多为 3 ～ 7 岁的孩子，这个年龄段的孩子由于大脑皮层神经活动的兴奋与抑制尚未达到平衡，兴奋过程强于抑制过程，导致自控力、意志力都比较差。

这个年龄的男孩格外活泼好动，他们会抓住任何机会展示自己，尤其是在不常见的人面前，这种展示让他们觉得具有成就感。于是，来家里做客的亲戚、朋友就成了他们的最佳展示对象。

为了吸引客人的注意，"人来疯"的男孩会将自己活泼、表现力强的特点卖力表现出来。不过由于他们的判断能力差，他们无法从别人的回应中判断自己的行为是否正确。即使家长对他们过分的行为加以阻拦，他们尚不完全的意志力也无法控制住自己。所以，我们就时常看到这种景象：孩子又叫又闹，家长急得满头大汗却劝阻无效。

很多家长为孩子的"人来疯"犯愁，抱怨孩子太顽皮，无法管教。其实，随着孩子身体系统的发育，到了 10 岁以后，这种行为就会慢慢好转，乃至消失，家长无须过分担忧。

孩子会"人来疯"，也与社会经验少有关系。现在的孩子，尤其是生活在城市的男孩，平时很少有与外人接触的机会。试想，如果家里整天来来往往都是人，那么男孩又怎么会对客人抱有如此大的兴趣，非要进行一番"自我展示"呢？"人来疯"的男孩往往生活环境都比较单调，他们天性对世界充满了好奇，喜欢探究人与人交往的秘密。不过，由于缺乏经验，他们还不能很好地掌握与人交流的技巧，出现出格的行为是可以理解的。

家长不要因为孩子"人来疯"就对其大声斥责，甚至予以严惩。孩子也有自尊心，男孩如果为此感到羞愧，会反抗得更加激烈。家长可以选用其他方式对孩子进行约束。比如当家里来了客人之后，让男孩跟客人问好，然后告诉孩子，"先去别的房间玩玩具或者看会书，一会儿客人和爸爸妈妈说完话要看你表演。"这样，孩子就会乖乖地自己待着。等与客人聊完天后，记得一定要叫孩子出来进行表演，满足孩子的表现欲。

如果这种方法对男孩无效，家长即可指出"××小朋友在来客人时很乖很听话，妈妈很喜欢他"。然后对孩子的撒娇行为冷处理。等客人走后，再告诉孩子他错在哪里，还可以配合罚站一会儿、不给他买某个玩具等惩罚措施。

当然，纠正男孩"人来疯"还得从根源做起，即多让男孩与外人接触，让男孩熟悉待人接物的技巧。平时家长可以多带男孩去公园、商场、图书馆等场所，增加与人群接触的机会。等孩子熟悉了人与人的交往行为后，就不会再出现"人来疯"的行为了。

帮孩子克服厌学的心态

不知道什么时候开始，刘晨觉得每天都只是在做一件事：学习，学习，还是学习。每天的生活也似乎变成了三点一线的简单重复：课堂，食堂和寝室。

英语课上，打开英语教科书，老师开始讲一堆英语语法，带读课文，然后做练习，再讲解；轮到数学课，打开数学教科书，老师又灌输一大堆数学公式，然后是似乎总不会完结的应用题，做题，再讲解；再到语文课，打开语文教科书，老师写了一堆不认识的汉字——刘晨就不明白，为什么从小学学到现在一直有不认识的字，怎么学也学不完？然后讲解段落大意，揣测作者的写作意图（天啊，他/她为什么要这么写关我什么事），总结中心思想，布置作文，自己写……

刘晨感觉自己很像个重复作业的机器，不明白这样做有什么意义，也不知道这个机器的零件哪天会坏掉，停止不走；真是讨厌这样没有目标，没有方向的学习啊！

更糟糕的是，之前制订的学习计划和目标一直完成不了。上次月考的成绩出来了，刘晨的名次不但没有提前，反而落后了。这可怎么办啊？

刘晨越来越不想学习了。他甚至想，我是不是智力比别人低？还是根本不适合学校的学习生活啊？

刘晨现在的状态，有个专门的名称：厌学。

厌学是个很普遍的现象，男孩和家长用不着担心是孩子智力出现了问题，因为厌学和智力水平是没有关系的。也就是说，如果男孩出现了这种厌学的情绪，不是他不聪明，不适合学校的学习，相反，如果能像刘晨这样思考问题，反倒证明男孩的智力水平没有问题，因为他懂得了反思，懂得去思考学习的意义，只是因为一时没有找到答案而苦恼。

总的来说，厌学的原因有两类：内在原因和外在原因。内在原因常常是由于男孩在学习过程中的消极情绪体验和自我认识存在偏差；而外在原因则往往是社会、学校、家庭等外部环境的不良影响。

无论是哪个年级的哪个班，多多少少都会有一些厌学的学生。他们日常表现为对学习失去兴趣；不认真听课，不完成作业，怕考试；甚至恨书、恨老师、恨学校，旷课逃学；严重的还发展到当老师在课堂上管教他时，他会公然地反抗甚至辱骂、殴打老师。孩子会出现这种情况，除了对为什么要学习这个问题求而不解产生厌学外，还因为自己制定的学习目标在短期内得不到实现，产生了焦虑情绪，所以进一步加重了厌学的想法。

那么，又该怎样消除厌学情绪呢？

首先，家长应该引导男孩找到学习的乐趣。因为，假如学习是男孩的乐趣所在，那学习的意义就是乐趣。假如男孩认为它是负担，那它就变成了负担。

关键是男孩自己怎么认为的。家长要告诉孩子，学习相对于游戏而言，确实是一件枯燥的事情，可是绝不是他想象的枯燥而无意义地重复。要知道：知识在于积累。在青少年时期，有了对各科知识日复一日地慢慢积累，才有日后对知识的应用和创新，才有可能成为对社会有用的人才，也才有可能实现自己的梦想。

再说男孩成绩不进反退的事情。问问孩子，他虽然制订好了计划，可是有没有切实地按计划执行呢？如果他按计划执行，认为自己很努力了，可是排名还是在往后掉，那他有没有想过，别人也许比他更努力？

学习有时候会出现"高原效应"，也就是说，有一段时间学习看上去进步很慢，甚至几乎停滞不前。处于高原效应的学生有的在很短的时间内，比如一两周，就能走出来，有的则要很长，甚至要一两年。这个时间视个人情况而定。告诉男孩不要害怕，暂时性的退步，不代表什么，也不意味着他就进入可怕的一两年的"高原效应"了，更不能因此而产生厌学心理。

引导孩子想想：反正也要学，怀着高兴的心情也是学，怀着厌恶的心情也是学，为什么不怀着高兴的心情学呢？而且，就算出现了学习上的"高原效应"，只要调整计划，放松心情，然后切实地坚持计划，那么走出"高原效应"的时间也不会很长。男孩一旦度过了这个难关，成绩将会更上一个台阶！

无论聪明还是笨，都要勤奋

任何目标都是需要经过认真的付出才能够实现的，勤奋努力的习惯最好从小就培养，越小越好。父母在夸奖男孩勤奋努力的同时，也就是在鼓励他继续努力去挑战更高的目标，通过这样的方式可启发男孩认识到对自己的责任，开阔他的人生道路。

美国近期的一项研究表明：如果一个孩子总是自认为很聪明，很有可能在面对挑战的时候想回避。在一项实验中，老师让幼儿园的孩子们回答问题，她对其中一部分孩子说："你们答对了8道题，你们很聪明。"而对另一部分孩子换了种说法："你们答对了8道题，你们确实付出了巨大的努力。"接下来，这个老师分别给两个部分的孩子布置新任务让他们自己选择，一种任务是他们在完成的时候也许会出现一些差错但是最终可以学到一些东西，另一种任务是他们有把握一定可以做得好。结果那些被夸奖为"聪明"的孩子大多都选择了后者，而那些被夸奖为"努力"的孩子则大多数选择了前者。

夸奖自己的孩子聪明，会有一个缺陷：孩子在潜意识中认为是由于自己聪明才会一帆风顺，逐渐对自己的感觉良好，想着自己的将来一定只会成功，不会失败。时间长了之后，就容易对自己的评价不那么客观了。如果他把事情做得很好，就会认为只是他聪明罢了，一旦他受到了挫折，他的第一反应很可能就是"我并不聪明"，随之对一切都失去了兴趣。这样的孩子将来走上社会之后就会感觉自己有点儿输不起，甚至会导致一蹶不振。

所以，我们最好赞美自己的孩子"勤奋"，当我们在夸奖他勤奋的时候，其实就是在鼓励他继续努力去寻求更多的挑战，这样男孩在遇到挫折的时候便不会气馁，他会始终认为自己不懈努力去做的事情是一件值得的事。

尼克松的家境并不富裕，一家人只能靠种地糊口。父亲在自己的菜园里辛勤劳作，供养着一家人。母亲则是一个有着文化修养的伟大母亲，更多地承担了教育子女的责任。自尼克松出生后，她就用自己的智慧和耐心教育他。在尼克松 6 岁上学之时，母亲早就教会他读一些书籍了。

尼克松 9 岁时，父亲卖掉了屋子和菜园、果园，把家搬到了惠特尔。父亲十分勤劳，靠自己的双手辛勤耕耘，努力改变全家人的经济状况。终于，他有了属于自己的加油站，后来又办起了杂货店，并专门出售自家制的馅饼和蛋糕，将尼克松母亲的手艺绝活推向了市场。

父母的勤劳对尼克松产生了很大影响。他很小就帮忙操持家务，做些力所能及的事，父母经常拿《圣经》中的"你必须汗流满面，才得糊口"这句话来教育他。尼克松把这句话牢牢记在心底。尼克松很快就成了家里的得力帮手。在父亲和母亲辛勤劳动的带动下，尼克松充分认识到只有劳动才能创造一切，才能满足自己的需求。给家人帮忙让尼克松深深体会到了劳动的快乐和成果。尼克松回忆到，他每天早晨 4 点钟就起床，5 点赶到洛杉矶第七街菜市场。他自己挑选水果和蔬菜，把价钱还到最低，选购好的货物用马车送回家，等这些货物洗净、分级，放到店铺后，接着在 8 点钟去上学。尽管很辛苦，但每次劳动后，尼克松都会感到一种轻松和快乐。因为他靠自己的努力，得到了收获。

童年的经历使他一生都保持勤劳，尼克松终生都谨记父母教给他的那句话，靠自己的付出来实现人生的目标。在父母的带动下，尼克松也养成了勤奋用功的习惯，这为他以后的成功打下了坚实的基础。

在人生的旅途中，有许多聪明的人常常在最后变笨了，而原本被认为是笨的人，却常常在最后变聪明了。勤奋的人不一定会成功，但是如果你想要取得成功，就永远离不开勤奋。在一个学校或者在一个班级中，通常有两类学生是容易受到老师喜爱的：一种是非常聪明又非常勤奋的，另一种是不算聪明却非常勤奋的。可见，勤奋的孩子，走到哪里都会招人喜欢。

作为父母，不应该为男孩的低智商而气馁，也不应该为男孩的高智商而沾沾自喜，而应该将视角转移，重视自己的孩子是否努力勤奋，把这种理念传递给男孩，让他们感受到只有努力才能获得父母的认可和夸奖。

优秀男孩必备的情绪智力：专注

一个人的精力和时间本来是很有限的，在这种情况下，如果选不准目标，到处乱闯，几年的时间会一晃而过。男孩如果想取得突破性的进展，就该像学打靶一样，迅速瞄准目标；像激光一样，把精力聚于一束。一个人只要"咬定青山不放松"，长期专注于某一事业，他通常就能成为这方面的专家、成功者。

法国的博物学家拉马克，是兄弟姐妹 11 人中最小的一个，最受父母宠爱。他的父亲希望他长大后当牧师，所以送他到神学院读书。可他却爱上了气象学，想当个气象学家，整天仰首望着多变的天空；没多久他又在银行里找到了工作，想当个金融家；后来他又爱上了音乐，整天拉小提琴，想成为一个音乐家；这时，他的一位哥哥劝他当医生，于是他又学医 4 年。

一天，拉马克在植物园散步时，遇到了法国著名的思想家、哲学家、文学家卢梭。受卢梭的影响，"朝三暮四"的拉马克确定了自己的奋斗目标，他用 26 年的时间，系统地研究了植物学，写出了名著《法国植物志》。后来，他又用 35 年的时间研究了动物学，成为一位著名的博物学家。

世界上许多伟大事业的成就者都是一些资质平平的人，而不是那些表面看起来出类拔萃、多才多艺的人。为什么会出现这种情况呢？其实，在生活中我们处处都可见到这种情况：一些年轻人取得了远远超出他们实际能力的成就。很多人对此疑惑不解：为什么那些看上去智力不及正常孩子一半、在学校里成绩排名靠后的学生却获得了巨大的成功，并在人生的旅途中把我们远远地抛在了后面呢？其实，那些看起来智力平庸的人，往往能够专注于某一领域、某一事业，并长期耕耘不辍，最终实现自己的目标；而那些所谓的智力超群、才华横溢的人，总是喜欢毫无目的地四处游荡，等到蓦然回首时，仍旧一无所有。

文学大师歌德曾这样劝告他的学生："一个人不能骑两匹马，骑上这匹，就要丢掉那匹，聪明人会把凡是分散精力的要求置之度外，只专心致志地去学一门，学一门就要把它学好。"鲁迅也说："若专门搞一门，写小说写十年，作诗作十年，学画画学十年，总有成功的。"

纵览古今中外，凡杰出者，无一不是具备超常的专注力。

法布尔为了观察昆虫的习性，常达到废寝忘食的地步。有一天，他大清早就伏在一块石头旁。几个村妇早晨去摘葡萄时看见法布尔，到黄昏收工时仍然看到他伏在那儿，她们实在不明白："他花一天工夫，怎么就只看着一块石头，简直中了邪！"其实，为了观察昆虫的习性，法布尔不知花去了多少个日日夜夜。数学家陈景润数十年如一日地研究"哥德巴赫猜想"。清代著名画家郑板桥，作画50余年，始终"咬定青山不放松"，专画兰竹，不画他物，终于成为擅画兰竹的高手。还有徐悲鸿擅画马，齐白石擅画虾，黄胄擅画驴，而古人唐伯虎最拿手的则是仕女图。画猫专家曹今奇，从8岁起学画，专画猫，他画的猫曾在中国大陆首屈一指，连许多国外商人也向他高价订购"猫画"。如果他们想行行拿状元，恐怕只能是白白浪费时间。

那么，怎么才能培养专注的习惯，克服"今天想干这个，明天想干那个"的朝三暮四的毛病呢？家长可以提出以下几点建议供男孩借鉴：

第一，找到真正的兴趣所在。兴趣，是推动学习的重要内在动机，往往可以决定一个人一生的道路。有了兴趣，男孩才可能废寝忘食，全神贯注地去做。

第二，不要因一时不出成效而动摇。许多男孩一心想学有所成，这种心情是可以理解的。但过于急切地盼望成功，则容易走向反面。

第三，不要为别的有趣的事物诱惑。无论是学习还是做事，最忌精神不集中，而白白浪费许多时间。正确的做法是认准自己的目标，心无旁骛地努力。

第四，不要怕艰辛，要舍得吃苦。有些人对爱因斯坦在物理学领域的杰出贡献羡慕不已，却很少琢磨他床下几麻袋的演算稿纸；有些人对NBA球员的声誉津津乐道，却很少去想他们每人究竟洒下了多少汗水。因此，千万不要光羡慕别人的成果，要准备下些苦功才行。

第五，控制自己的情绪、心态。男孩应学会尽量少受外界干扰，即便受了干扰，也要及时"收回脑子"，这也是锻炼专注力的一个重要方面。

对抗不良情绪

如果你家有个爱抱怨的男孩

"事情怎么会这样呢？真是烦人！""我这次考试没考好，全怪昨天晚上……""考试题出成这样，老师根本就是在为难我们。""太讨厌了……"这是不是你的孩子经常挂在嘴边的话？

一些男孩在心情不愉快的时候，抱怨的话好像不经过大脑自己就到嘴边了，然后心情就会变得很沮丧。在这样一种精神状态下，他犯错误的概率自然要比别人高，许多新的烦恼又在后边等着他，那么他又开始新一轮的抱怨——沮丧——出错——倒霉……

抱怨只是暂时的情绪宣泄，它可做心灵的麻醉剂，但绝不是解救心灵的方法。告诉你的孩子：遇到问题，抱怨是最坏的方法。

罗曼·罗兰说，只有将抱怨环境的心情化为上进的力量，才是成功的保证。也有人说，如果一个人青少年时就懂得永不抱怨的价值，那实在是一个良好而明智的开端。绝大部分男孩还没修炼到此种境界，那么最好让他们记住下面的话：如果事情没有做好，千万不要为抱怨找借口。

古人云：人生之事，不顺者十之八九，常想一二。这句话的意思是说人活在世上，十件事中有八九件都会使人不顺心，但要常去想那一两件使人开心的事。每个人都会遇到烦恼，明智的人会一笑了之，因为有些事是不可避免的，有些事是无力改变的，有些事是无法预测的。能补救的应该尽力补救；无法改变的就坦然面对，调整好自己的心态去做该做的事情。

　　一名飞行员在太平洋上独自漂流了 20 多天才回到陆地，有人问他，从那次历险中他得到的最大教训是什么。他毫不犹豫地说："那次经历给我的最大教训就是，只要还有饭吃，有水喝，你就不该再抱怨生活。"

　　人的一生总会遇到各种各样的不幸，但快乐的人却不会将这些不幸装在心里，他们没有忧虑。所以，快乐是什么？快乐就是珍惜已拥有的一切，知足常乐。而抱怨是什么？抱怨就像烟头烫破一个气球一样，让别人和自己泄气。

　　抱怨属人之常情。"居长安，大不易"，难道不许别人说一说苦闷吗？然而，抱怨之不可取在于：你抱怨，等于你往自己的鞋子里倒水，只会使行路更难。困难是一回事，抱怨是另一回事。抱怨的人认为自己是强者，只是社会太不公平，如同全世界的人合伙破坏他的成功，这就可能把事情的因果关系弄颠倒了。

　　喜欢抱怨的人在抱怨之后，心情非但没变轻松，反而变得更糟，怀里的石头不但没减少，反而增多了。常言说，放下就是快乐。这也包括放下抱怨，因为它是心里很重而又无价值的东西。

　　人们所以倾心于那些乐观的人，是倾心于他们表现出的超然。生活需要的信心、勇气和信仰，乐观的人都具备。他们在自己获益的同时，又感染着别人。人们和乐观——包括豁达、坚韧、沉着的人交往，会觉得困难从来不是生活的障碍，而是勇气的陪衬。和乐观的人在一起，自己也就得到了乐观。

家长要让男孩明白，抱怨失去的不仅是勇气，还有朋友。谁都恐惧牢骚满腹的人，怕自己受到传染。失去了勇气和朋友，人生会变得很难，所以抱怨的人继续抱怨。他们不知道，人生有许多简单的方法可以拨乱反正，闭嘴就是其中的真谛之一。许多人都抱怨过处境的繁难，发现无济于事之后便缄口了。抱怨相当于赤脚在石子路上行走，而乐观是一双结结实实的靴子。

让总是抱怨自己倒霉的男孩，不要用沉重的欲望迷惑自己，不要总是看到他还不曾拥有的东西，而要静下心来，放下心灵的负担，仔细品味他已拥有的一切。学会欣赏自己的每一次成功、每一份拥有，男孩就会发现，自己竟会有那么多值得别人羡慕的地方，幸福之神已在向他频频招手。

为隐藏的压力"排雷"

王女士曾遇到过这样一件有趣的事：一天深夜，她突然接到一个孩子打来的电话，对方的第一句话就是："我烦死他们了！"

"他们是谁？"王女士问。

"他们是很多人，我的同学、老师、爸爸妈妈。"

王女士感到很突然，于是礼貌地告诉他："你打错电话了。"

但是，这个孩子好像没听见似的，继续说个不停："我学习不好，老师非常不喜欢我，同学们也都疏远我，爸爸妈妈也听不进去我说的话……"

尽管这中间王女士一再打断他的话，告诉他，她并不认识他，但是孩子还是坚持把自己的话说完。最后，他对这位素不相识的王女士说："阿姨，您当然不认识我，可是这些话已被我压了多时，现在我终于说了出来，我舒服多了。谢谢您，对不起，打搅您了。"

原来王女士充当了一个听筒的角色。

故事中的小男孩举动看似错乱，实际却很正常。它形象地说明了小孩子也会有很多烦恼，也要有一个倾诉、宣泄情绪的地方，而且消极情绪往往是蓄之越久，越沉重压抑。

实际上，每个男孩在一生中都会产生数不清的意愿、情绪，但最终能实现、能满足的却并不多。对那些未能实现的意愿、未能满足的情绪如果被压制，就会产生一种心理上的能量，这种能量如果没有释放出去，它自身不会丝毫减少。即使男孩在压抑、克制阶段意识不到它的存在，也只说明它从"显意识层"转移到了"潜意识层"，对男孩的潜在影响依然存在，而且一直在找机会真正发泄出去。

对于这样的情绪，最好的办法是疏导，而不是堵塞。因为堵塞只能是暂时的，到一定程度就会造成"决堤"，那时情况会失控，就更严重了。

消极情绪得不到宣泄与缓冲，不仅会影响男孩的心理健康，还会引起身体上的一些疾病，像高血压、心脏病、胸闷等都是由于消极情绪长期累积而致。

其实只要把那些不愉快的事情说出来，心情就会感到舒畅，因此表达能起到一定的情绪安定作用。我国古代，有许多人在他们遭到不幸时，常常有感赋诗，这实际上也是使情绪得到正常宣泄的一种方式。

男孩的消极情绪是一定要宣泄出去的，但是"宣泄"不是让情绪的"洪水"到处泛滥，比如，允许孩子一有怒气就大动肝火，一有痛苦就大哭大闹，一有冲动就蛮干一通。这种不正确的宣泄方式只会激起新的不良情绪。家长要让孩子明白，宣泄一定要合理，尽量不要指责别人，而用诉苦的方式，更容易博得别人的理解。或者引导孩子将消极情绪转移到另外一件对任何人都无害的事上，比如听音乐、做运动、写日记、游玩等，都是很好的宣泄方式。

男孩有暴力倾向怎么办

阳阳是幼儿园里的一个小朋友，他最大的理想就是当一名警察。班上有一个小朋友长得高大结实，有点小霸道。阳阳想，一对一肯定打不过他，就和幼儿园里的几个小朋友一起去"围攻"他。不过，阳阳有时候表现得过于爱和人打闹，晚上爸爸下班回来，阳阳总会扮演奥特曼，让爸爸扮演怪兽，然后"奥特曼"把"怪兽"打败了。每每看到阳阳玩得开心，爸爸心里就有些许的担忧，儿子会不会有暴力倾向呢？

对于 2~3 岁的男孩来说，攻击性的行为常常是没有任何理由的。好动好斗是男孩的本性，他会用一种玩的心态试探自己的行为能力。不过家长要对自己的男孩提高警惕，随便打人可是不对的，如果发现男孩在外面和人打架，家长一定要及时了解原因，并进行教育和引导。再者就是男孩的年龄过小，并不适合给他看奥特曼之类题材的影片。因为他们不会真正理解影片的主题，只会对那些充满暴力的打斗动作产生兴趣。还有男孩会以游戏的名义和父母打打闹闹，没有分寸，形成习惯之后，男孩就会经常和周围的人大动拳脚。

如果男孩出现了这种暴力的倾向，父母首先要做到自己不能打孩子，如果父母动手打孩子，恰是向孩子表明了攻击是解决冲突的方法。那么面对孩子的暴力倾向，父母应该怎么做最合适呢？

第一，首先要保持冷静。如果父母情绪失控，出现了过激的语言或行为，就会对男孩起反作用。

第二，向孩子表明你的意见。如果家长亲眼看到自己的孩子打了别的小朋友，要立刻过去关心一下被打的小朋友。

第三，分析男孩打人的原因，认可他的感受。有的时候，男孩暴力的原因就是为了得到自己想要的玩具。父母可以平静地跟孩子讲道理："我知道你想要那个玩具，但是我们不应该打人，对吗？"不需要讲太长的道理，男孩都可以听懂和接受。

第四，教会男孩用语言表达自己的渴望。男孩天性就不善言辞，他们有时会不知如何表达出他想要一个东西，就会直接采取行动，这也是男孩暴力倾向的一个原因。作为家长，可以给男孩提供一个替代攻击的方法，告诉男孩：如果下一次遇到同样的情况，不可以打小朋友，而是去跟他说"让我玩玩你的玩具"。

第五，对男孩积极的行为提出表扬。如果男孩的表现比以往有了进步，家长应该及时给予表扬："这次没有打人，表现真棒！"得到表扬之后的男孩将表现得更加出色。

第六，在游戏中引导男孩。几乎所有的男孩都喜欢玩打仗游戏，因为他们盼望自己是一个真正的男子汉。对于男孩的游戏，家长千万不要感到头疼，更不可以给孩子的游戏拆台，而应在他们的游戏中赋予道德的内容，比如提示他们玩在地震中救人的游戏，或者扮演医生救助伤病员。男孩可以在游戏中感受到道德的力量，同时也可树立起保护弱者的意识。

"忧郁"是一种病

文海今年 15 岁，担任学生委员。平时学习压力大，而且由于内向又很少有真正交心的朋友，文海这几年来有一种难以言状的苦闷与忧郁感，但又说不出什么原因，总是感到很迷茫，一切都不顺心。即使遇到喜事，他也毫无喜悦的心情。之前回家后常常和父母去看电影、听音乐，但后来就感到一切索然无味。

他深知自己如此长期忧郁愁苦会伤害身体，并且影响家人心情，但又苦于无法解脱。有时他感到很悲观，甚至想一死了之，但对人生又有留恋，有很多放不下的东西，因而下不了决心。

他的父母知道他的忧郁心理比较严重，总是想方设法讨他欢心，经常和他谈心，陪他听音乐，给他讲一些幽默笑话……可是没什么效果。文海很容易因为天气的变化而伤感，太阳好的时候他总是怕阴天，阴天的时候又总是怕太阳不出来。

同学们见他总是这么多愁善感，还总是写一些很忧郁的文章来表达他的心情，于是送给了他一个绰号"忧郁诗人"。

人们都认为忧郁是一种高贵的精神品性，是一个良知者应有的文化基调，故在美学和哲学上都具有不可估量的意义与价值。从美学上看，忧郁情结同浪漫的悲剧感休戚相关。朱光潜说："浪漫主义作家突出的特点之一是热衷于忧郁的情调，叔本华和尼采的悲观哲学可以说就是为这种倾向解说和辩护。"他在《悲剧心理学》中系统阐释了忧郁的美学意味，并令人信服地论证了它的合理性："忧郁是一般诗中占主要成分的情调。""……在忧郁情调当中有一种令人愉快的意味。这种意味使他们自觉高贵而且优越，并为他们显出生活的阴暗面中一种神秘的光彩。于是，他们得以化失败为胜利，把忧郁当成一种崇拜对象。"

但是忧郁这种气质在心理学上是一种病态心理，也就是人们常说的抑郁症。很显然，故事中的文海是被抑郁"缠上了"。

抑郁心理以心境低落为主，与处境不相称，可以从闷闷不乐到悲痛欲绝，甚至木僵。期间常常伴有厌恶、痛苦、羞愧、自卑等情绪，严重者可出现幻觉、妄想等精神病性症状。对大多数人来说，抑郁只是偶尔出现，历时很短，时过境迁，很快就会消失。但对有些人来说，则会经常地、迅速地陷入抑郁的状态而不能自拔。

然而，在多数人眼中，抑郁仿佛永远在他处，与己无关。事实并非如此，据世界卫生组织估计，几乎每 30 个人当中，就有一个人正经受着抑郁症的困扰，每 15 个人当中，就有一个人曾经面对过这种疾患，并且男性比女性更容易患上抑郁症，其概率为 2：1，此外，抑郁症还具有一定的遗传性。但若没有重大事件的刺激，孩子和父母一般不会同时患上抑郁症。所以即使自己患有抑郁症，也不必忧心忡忡。避免孩子遭受不必要的打击，能很好地让他远离抑郁症。

抑郁症危害也比较严重，一旦被抑郁缠身，便会很难挣脱，有的甚至抑郁情绪反复发作，时好时坏。并且六成以上的抑郁症患者有过自杀的行为或想法，15% 的抑郁病人最终自杀。

现代医学认为抑郁症发病一般不是由单方面因素引起的，而是遗传、体质、神经发育和社会心理等因素共同作用的结果。家族病史、婴幼儿期没有得到足够的爱、突发灾难、长期精神压抑等，都是致病因素。

所以在养育男孩的过程中，要注意孩子的心情，一旦发现孩子有抑郁的心理，要根据抑郁形成的原因，及时解除孩子身上的抑郁魔咒，让孩子保持一种快乐的心态去生活。

虽然引起抑郁的原因多种多样，引起每个孩子抑郁的事情也都有所不同，但调节抑郁却有法可循。其实，平时的休闲活动都可以在一定程度上调节抑郁情绪。下面介绍几种实用的小方法，不妨一试：

第一，随意涂鸦：父母引导孩子把引起他忧郁的事情画出来，比如，因为想念双亲而忧郁，就把双亲慈祥的面孔画出来，不要计较像与不像，只要倾注全部感情去画即可。如果讨厌一个人，也可以去画他，把你厌恶的感情也画进去。

第二，写下随想：当孩子心情不佳时，不妨拿起一支笔，抒发胸中的情感，将心情诉诸于纸上，会有释放的感觉。写完之后最好不要回头去看，否则忧郁的情绪会循环往复，无法自拔。

第三，亲近自然：当你感到无助和抑郁时，不妨置身于自然之中，感受自然的鸟语花香，忘记现实的烦恼。

第四，妙用便利贴：把鼓励自己的话写在便利贴上，贴在自己一眼就能看到的地方，不时提醒和鼓励自己，便不会感到孤单和萎靡不振。

第五，聆听音乐：虽然音乐的确能够达到调节抑郁的目的，但不同的人最好根据自己的喜好来选择音乐。

第六，欣赏绘画：绘画是一种美的艺术，欣赏绘画是一种高尚的审美情趣。不论欣赏者的文化水平高低，都能从优美的绘画形象中得到美的享受，受到启发和教育。观赏绘画是一种有益于人体身心健康的活动，特别是当孩子心情忧郁的时候，看山水、花卉、鸟兽、松竹之画，会让他心情好转。当孩子难以入眠，或心情不顺畅，或烦躁不安时观画，可养心神。翻看山水画集，见到那一座座宏伟的大山，就会被大山拔地而起、直耸云天的气势所感染，就会被大山的深沉、稳健、镇静所感化，会因百丈悬流飞瀑而兴奋，也会被千姿万态的异石奇景所迷，亦会为鸟语花香所醉。心入画中，置身其间，心旷神怡，实可起到消除抑郁的作用。

第七，创造家庭好环境：良好的家庭环境是使孩子免受抑郁侵害的保护伞。父母应避免长期在孩子面前吵架、向孩子诉苦、给他讲一些悲观的想法。

培养男孩的"阳光心态"

在美国有一位颇负盛名，被称为传奇人物的教练——伍登。他在全美 12 年的篮球年赛当中，替加州大学洛杉矶分校赢得了 10 次全国总冠军。如此辉煌的成绩，使伍登成为大家公认的有史以来最称职的篮球教练之一。

曾经有记者问他："伍登教练，你在赛场上总是精力充沛，是什么力量支持你取得今天这么辉煌的成就呢？"

伍登很愉快地回答："每天我在睡觉以前，都会提起精神告诉自己：我今天的表现非常好，而且明天的表现会更好！"

"就只有这么简短的一句话吗？"记者有些不敢相信。

伍登坚定地回答："简短的一句话？这句话我可坚持了 20 年！重点和简短与否没关系，关键是在于你有没有持续去做，如果无法持之以恒，就算是长篇大论也毫无用处。"

伍登那积极与执着的态度不只是表现在篮球上，他对其他的生活细节也持同样的态度。有一次他与朋友开车到市中心，面对拥挤的车潮，朋友感到很不满，继而频频抱怨，伍登却欣喜地说："这里真是个热闹的城市。"

朋友好奇地问："为什么你的想法总是异于常人？"

伍登回答："一点儿都不奇怪，我是用心中的'眼睛'来看待事情。不管是悲是喜，我的生活中永远都充满机会，这些机会的出现不会因为我的悲或喜而改变。只要用积极的态度去面对生活中的大事小事，我就能够掌握机会，激发更多的潜在力量。"

伍登积极的生活态度给了他生活的激情与工作的动力，让他在收获成功的同时也收获了一种健康的生活方式与生活态度。

但很遗憾的是：在家庭教育中，态度往往是父母和孩子经常忽略的，其实，积极的态度可以激发人体内最大的"快乐因子"，这可以让我们，也可以让孩子在面对问题的时候保持乐观的心态，在一种无形的力量的牵引下继续向前。在此基础上，父母也应该让孩子知道态度的秘密——它左右着孩子的每一次选择，最终也将决定孩子的一生。

态度是一种力量，可以激发人体内在的潜能。每个男孩的身上都潜伏着巨大的力量，这种能量一旦激发，就会给他们的人生带来无法想象的改变，而态度就是激发这种能量的导火索。一旦男孩意识到这种力量的存在，并以更加积极的态度运用它，就能够改变自己的人生。

无数成功人士的奋斗历程已经证明：成功是由那些抱有积极心态的人所取得的，并由那些以积极的心态努力不懈的人所保持。拥有积极的心态，即使遭遇困难，也可以获得帮助，事事顺心。可见，培养男孩积极的"阳光心态"势在必行。

那么，父母应该怎样培养男孩的这种心态呢？

第一，引导男孩认识自己。很多男孩都希望找到正确的生活态度与生活方式，拥有快乐的生活。而要拥有这一切，他们迫切需要做好自我分析，因为只有了解自我，才会走好自己的人生之路。当他们弄明白自己所要的前景以及自己的相关条件时，就会努力实现他们的愿望，也就能达到他们所期望的目标，正所谓"心有多远，你的世界就有多大"。社会心理学家研究发现，善于给自己的生活作出计划的人往往比较勤奋、进取，擅长理性思考，对生命成长的每一个阶段都能谨慎把握，采取正确的生活态度，一般都能主宰自己的命运，成功也自然和他们有缘。但是，所有的一切都因为自己而开始，这足以说明让男孩认识自我有多重要。

积极的心态要从认识自己开始。你的孩子可能解不出那么多的数学难题或记不住那么多的外文单词、成语，但在处理班级事务方面却有特殊的本领，能排解纠纷，有高超的组织能力；你的孩子在物理和化学方面也许差一些，但写小说、诗歌是能手；也许孩子分辨音律的能力不行，但有一双极其灵巧的手……

如此一来，父母让孩子在认识到自己长处的前提下，如果能扬长避短，认准目标，抓紧时间把一门学问刻苦、认真地做下去，久而久之，自然会结出丰硕的成果。相反，如果对自己没有清醒的认识，就不可能用正确的态度去面对学习和生活，就容易导致悲剧的发生。

第二，激发男孩的潜意识。潜意识到底是什么？弗洛伊德有一个十分形象的比喻：人的心灵即意识组成仿佛一座冰山，露出水面的只是其中一小部分，代表意识，而埋藏在水面之下的绝大部分则是潜意识。人的言行举止，只有少部分由意识掌握，其他大部分都由潜意识主宰。

潜意识具有无穷的力量，它隐藏在心灵深处，能够创造魔术般的奇迹。爱默生说："在你我出生之前，在所有的教堂或世界存在之前，潜意识这种神奇的力量就存在了。这是一个伟大的、永恒的真实力量，是生命运动的法则。"

只要你让孩子牢牢抓住这个能改变一切的魔术般的力量，就能够治愈男孩心灵的创伤，愈合他身体的伤痛，摆脱他心中的恐惧、失败、痛苦和沮丧。他们所要做的就是将自己的精神、情感与他们所期待的美好愿望结合为一体，富有创造力的潜意识会为他作出安排。

第三，让行动促使男孩形成积极的态度。父母需要让男孩明白，实际上态度与行为是一种相互作用的关系，态度可以作用于行为，行为也可以反过来作用于态度。如果男孩的态度是乐观的，其行为也会向着积极的方向发展；如果他们的行动是积极主动的，就会大大地促进正确态度的形成。行动能带来回馈和成就感，也能带来喜悦，使他们得到自我满足和快乐；如果他们想寻找快乐，如果他们想发挥潜能，如果他们想获得成功，就必须积极行动，全力以赴地把想法付诸于实践。这样才能在行动中养成阳光的心态。

男孩忧虑善变怎么办

如果男孩对未知充满怀疑

生活中有这样一群男孩，他们责任感强，老师说："今天打扫教室的同学一定要记得关窗子啊。"他们绝对不会像活跃型孩子那样等玻璃被狂风打碎才想起老师的话；他们感情细腻，多愁善感，看到红叶落下便会悲叹生命的可悲；他们还有一颗特别谨慎小心的心，当你说："今天的阳光真灿烂。"他们也要多想一下："这话有其他意思吗？"他们做起事来很少有果断干脆的时候，因为对未知的怀疑和想象，他们的口头禅一般是"虽然……但是……"和

"如果……"。

这类怀疑型男孩与天性活泼的男孩相反。活泼型孩子最大的特点是把事物的积极面放大，而他们的特点是善于把事情坏的方面无限放大，一直沉浸在悲伤和难过中度日；活泼型孩子往往责任心不强，老是丢三落四，而他们一旦负责起什么事情来就会认真做好；活泼型的孩子大大咧咧，对人毫无防范之心，而他们有着很强的猜忌心，警戒心很重；活泼型孩子有什么烦恼都说出来，而他们则喜欢把自己的心当成一口很深的井，胆怯和孤单常把心中的创意和感情压抑。

不过，怀疑型男孩身上有个最大的优点，那就是忠诚，他们忠诚于自己认定的事情，为了达到目标，他们可以不求回报，牺牲自己的利益。而且他们不像其他性格的孩子那样追求即刻的成功和回报。和其他性格的孩子比起来，怀疑型孩子的洞察能力是最强的，他们能够轻易洞察到身边的朋友谁心里高兴却装作若无其事；谁内心悲伤却面无表情。这对于活泼型孩子来说，是他们无论如何都想不明白的："这些家伙怎么像装了雷达，我想什么都逃不过他的眼睛。"

因为超强的洞察力，所以怀疑型孩子总是能够轻而易举地明晰自己身边的情况哪些有利、哪些不利。他们习惯于放大事物的缺点，忽视事物的优点，他们就是看到杯子里的半杯水会感叹"怎么只剩下半杯了"的那一类人。

任何一种性格都有各自的优点，但也都有各自的缺点。中年人之所以显得成熟，正是因为他们经过生活的磨砺，已经把性格上的棱角磨平，性格渐渐趋于完善。因此，要想孩子成为受人欢迎的人，就要想方设法帮助他们克服性格上的缺陷，发扬性格上的优点，做一个性格完善的人。

男孩的焦虑源自父母反复无常的情绪

小龙是一个胆子很小的男孩，他从小生活在爷爷奶奶身边，爷爷奶奶对他呵护有加，关爱备至。那时的小龙活泼开朗，常常逗得爷爷奶奶哈哈大笑。

小龙6岁的时候回到了父母身边生活，爸爸脾气比较暴躁，小龙在他面前经常吓得什么都不敢说，不敢做。

一天，家里来了客人，爸爸让小龙给客人倒水，一不小心，茶杯摔在了地上，爸爸当着客人的面劈头盖脸地骂道："你真是个笨蛋！"生性敏感的小龙羞愧得无地自容，眼泪大滴大滴地往下掉。当天晚上，小龙做了一个噩梦，梦见爸爸恶狠狠地瞪着他，并用手指着他的鼻子大骂。从那以后，小龙只要看到爸爸就紧张，越紧张越容易出错，每当这时，爸爸都毫不留情地加以训斥。小龙最后患了恐惧症，每天晚上做噩梦，一点儿风吹草动都会令他紧张得不行。

小龙的父母是爱他的，这一点毋庸置疑，但是父母无法控制自己的情绪，常常以粗暴的打骂来发泄情绪。他们一般是在父母阴晴不定、时好时坏的情绪中度日的。父母不高兴的时候，可能毫无原因地对他们大发雷霆，高兴的时候，又可能对他们有求必应。在这样反复无常的生活中，孩子变得敏感多疑，时刻在对父母脸色的察觉中生活，于是他们最早学会的是揣测父母的态度，在这个察言观色的过程中，他们也学会了犹豫，以此来检查危险信号，他们童年的无助感，直接在焦虑中导致了怀疑特质的产生。

焦虑是一种可以转移的情感，最后完全可能发展成一种不敢面对他人、不敢面对权威的恐惧。我们还会发现，焦虑引起的压抑和恐惧会在其他领域反映出来，到最后已经和最初引起焦虑的问题没有关联了。所以一定要让孩子在一个平和的环境中成长，尽量减少他们的焦虑感。

父母之间的恩爱、和睦的家庭氛围能够为男孩的身心成长注入生机与活力，增加男孩对生活的信心与勇气。在一个良好的家庭氛围的影响下，男孩一定可以健康、茁壮地成长。

那么父母应该注意什么呢？

第一，不要总是用命令的口气和孩子说话。

第二，要勇于承认自己做错的地方。

第三，要正确对待孩子的反抗情绪。

第三点需要特别注意。有些家长高兴时，孩子提什么要求都满足，可当自己情绪不好时，即使孩子没有错也要批评一番。如果家长对孩子的态度经常是情绪化的，那家长在孩子面前就会失去权威。

随着孩子的成长，他已经有了自己的想法和看法，所以家长在管教孩子时经常会遇到孩子的反抗情绪。这种情绪通常通过愤怒、反抗、抵触的态度表现出来。在教育孩子时，本来孩子让父母说几句便可没事了，但孩子一顶嘴，很多父母便可能勃然大怒，而说教也可能升级为一场打骂。

其实，反抗是孩子精神成熟的重要标志。从根本上讲，孩子自立、有主见就意味着要脱离父母并且开始产生与父母相异的想法，当然，其中有些想法可能会与父母近似。然而，即使这样，他们也不会囫囵吞枣地听信父母，而是将其纳入自己的思维框架中进行选择，接受自己认为可以接受的部分。不服从父母，甚至与父母发生争执，都是伴随着孩子的独立性增强而自然发生的现象。

总之，父母要注意的是，男孩在真正长大之前，做事情总是欠考虑，往往采取较为激进的做法，比如激烈地反驳家长。某段时期，男孩总是感情用事，这时做父母的也不要与孩子计较，而要在孩子面前保持冷静。这一点对于孩子的成长极为重要。

让男孩改掉只想不做的坏习惯

不少男孩满怀雄心壮志，但是缺少行动力。于是我们看到，他们对成功充满了渴求，却最终一事无成。有这样一个故事：

有一个人向一位思想家请教："你成为一位伟大的思想家的成功秘诀是什么？"

思想家告诉他："多思多想！"

这个人满心欢喜，回家后就躺在床上，望着天花板，一动不动地开始"多思多想"。

一个月后，这个人的妻子跑来找思想家："求您去看看我丈夫吧，他从您那儿回来后，就像中了魔一样。"

思想家就去看这个人，这个人爬起来问思想家："我每天除了吃饭，一直在思考，你看我离伟大的思想家还有多远？"

思想家问："你整天只想不做，那你思考了些什么呢？"

那人说："想的东西太多，头脑里都装不下了。"

"我看你除了脑袋上长满了头发，收获的全是垃圾。"

"垃圾？"

"只想不做的人只能生产思想垃圾。"思想家答道。

只有行动起来，才有成功的机会，才会在实际行动中找到处理问题的最佳办法，才会在行动中找到适合自己的生活方式。但是对于一些只想不做的男孩来说，只想不做正是他们最容易犯的毛病。他们的口头禅通常是："我当时真应该那么做，可是现在后悔也晚了。"机会来到的时候，他们经常说："我要等等看下面的情况如何。"对于有些孩子来讲，这似乎已经成为他们习以为常的一种生活方式。

不过，男孩们耽于行动的原因却各有不同。有些男孩总是用带有怀疑的目光看待周围的一切，他们害怕未知路上有危险的东西，于是用思想代替行动，在采取行动的时候常常犹豫不决。而另一些男孩往往喜欢沉迷于不切实际的幻想中，他们永远在自己的理想国度中自我陶醉，所以往往不屑于行动。

他们的性格缺陷使他们养成了只想不做的习惯，于是拖延、迟缓让他们失去了成功的机会。那么应该如何让孩子勇于行动呢？

* 重视孩子的动作敏感期（0~6岁）

在某一时期，家长会发现孩子的某种动作发展比较迅速，比如他突然知道该把东西往嘴里塞，喜欢捏东西，到处爬，会走了就到处走，等等。这些都是动作敏感期的表现。在这个时期，孩子的手、眼协调能力能够得到良好地训练，如果错过了这个关键的时期，以后孩子的行动协调性就会受到影响。当孩子的行动能力明显低于同龄人的时候，他们的思想也一定会受到身体的影响，变得缓慢而无力，到最后便懒于行动了。

在孩子的动作敏感期，父母应该注意培养孩子的行动能力，比如在宝宝心情好的时候，可以利用一些小玩具的左右摆动，来吸引宝宝做头部动作。而爬这个动作对于训练宝宝的前庭平衡感最有助益。

爬行可以很好地促进宝宝的行走动作，父母可以经常拉着宝宝的手引导他爬行或站立行走，同时利用一些小玩具、小游戏对他站立行走的动作加以鼓励，以引导宝宝多走路。父母应让孩子充分运动，使其肢体动作正确、熟练，并帮助左、右脑均衡发展。

* 用目标激励行动

成功学专家拿破仑·希尔说："不甘做平庸之辈的人，必须要有一个明确的追求目标，才能调动起自己的智慧和精力，全力以赴，为自己的目标而行动。"

目标是男孩成功路上的里程碑。目标能给他们一个看得见的靶子，当他们一步一个脚印去实现这些目标时，就会有成就感，就会信心十足。

所以，当男孩渐渐长大，父母应该从孩子的自身特点出发，为他们制定一个可以实现的目标，让它来激励孩子养成马上行动的好习惯。比如说孩子想考 100 分，父母就可以帮孩子制订一个详细的计划，让孩子一天做一点儿，慢慢来实现。

总之，在现实生活中，只有付诸于行动的孩子，才能在行动的过程中获得生活经历。即使行动的方向有误，他们也会从中吸取教训，使自己在今后的人生道路上有更多的经验来应付类似的困难。

训练男孩学会等待

每个人都会面对诱惑。成功的人之所以成功，就是因为他们能够约束和克制自己的冲动。家长培养男孩抵制诱惑的能力就显得格外重要。

一个人的成功，最大的障碍往往不是在于外界，而是在于自己的内心。一个能够获得成功的人通常都具备顽强的精神和胜于常人的自控心理。增强男孩的自控力，可以帮助他们抵御外界的种种诱惑，保持心灵上的坚定和纯洁，更加有利于他们朝着心中的目标努力。

1960 年，美国的心理学家米卡尔曾做过一个"果汁软糖"的实验：他将一群 4 岁的孩子留在房间里，每人都发了一块糖果，然后告诉他们"我有事要出去一会儿，你们可以马上吃掉软糖，但如果谁能够坚持到我回来之后再吃糖果，我会再奖励他两块。"说完之后，米卡尔就走了出去。实际上，他在暗中观察这些孩子的表现。

有的孩子会很急躁，看到米卡尔走了之后就迫不及待地吃掉糖果，而有的孩子就等到了最后。尽管对这些孩子来说等待的时间非常漫长，但是他们会想尽各种办法让自己撑下去。有的孩子闭上眼睛，避免看到那块诱人的糖果；有的孩子努力想让自己睡着。

20 分钟之后，米卡尔回来了，他奖励了这些能够坚持到最后的孩子。这次实验并没有结束，米卡尔又对这些孩子进行了长达 14 年的追踪调查。

最后，米卡尔把自己的调研结果公之于众，他发现：自制力不同的孩子在情绪和社会性方面的差异表现非常明显。在那次实验中抵制住诱惑的孩子长大之后对社会的适应能力较强，较为自信，人际关系也更好，能够更加从容地面对挫折。而那些不太能抵制诱惑、较为冲动的孩子则缺乏这些好的特质，并且表现出了一些负面特征，他们不太愿意与人接触，性格优柔寡断，容易因为挫折而丧失斗志，容易对人产生不满甚至与人争斗。

面对如今这样一个信息多变、文化多元、物质极大丰富的现代社会，男孩们早已经是眼花缭乱了，他们对周围的一切充满了好奇，任何的诱惑都可能使他们沉迷其中。再者由于男孩面临着沉重的学业负担，厌学情绪强烈，电脑、电视等成为男孩的避难所。如何让男孩拒绝诱惑、抵制诱惑，是每个家长都关心的问题。

要想让男孩学会抵制诱惑，首先家长要学会反思。当男孩出现了问题时，家长可以先反思自己。很多父母将大部分的时间都用于工作、家务和娱乐，很少花时间和儿子耐心地沟通。当男孩的精神需求得不到满足时，他自然就会寻求替代品，于是电视、电脑成了男孩的精神麻醉剂。有的家长自己不和儿子交流，也不鼓励男孩多交朋友。男孩的充沛精力得不到发泄，就会被各种诱惑吸引，一不留神就会掉进诱惑的陷阱。所以，家长也要反思一下自己在平时是否考虑到了男孩的感受，给予了他们足够的精神满足。

高尔基说："哪怕是对自己的一点儿小小的克制，也会使人变得强而有力。"德国诗人歌德说："谁若游戏人生，他就一事无成，不能主宰自己，永远是一个奴隶。"一个人要想成为能够主宰自己命运的强者，或就一番事业，就必须对自己有所约束、有所克制。因此，对男孩的自控教育是家庭教育必不可少的内容之一。

但是人的自制能力和自我管理能力并不是天生的，它和人的其他能力一样，都是后天开发出来的，每个人的自我管理能力都是可以不断提高的。尤其是孩子的自控能力，在日常生活中会逐渐提高。作为父母要有意识地提高男孩的自控力，对此，专家给出了以下几点建议：

第一，告诉男孩要对自己多分析，找出自己在哪些活动中、何种环境中自制力差，然后拟出培养自制力的目标步骤，有针对性地培养自己的自制力；同时对自己的欲望进行剖析，扬善去恶，抑制自己的某些不正当的欲望。

第二，从日常生活小事做起。人的自制力是在学习、生活、工作中的千百万件小事中培养、锻炼起来的。许多事情虽然微不足道，却影响到一个人自制力的形成。如早上按时起床、严格遵守各种制度、按时完成学习计划等，都可积小成大，锻炼自己的自制力。

第三，进行暗示和激励。自制力在很大程度上表现在自我暗示和激励等意念控制上。意念控制的方法有：在孩子开始紧张的活动之前，反复默念一些建立信心、给人以力量的话，或随身携带座右铭，时时提醒、激励自己；在面临困境或诱惑时，利用口头命令，如"要沉着、冷静"，以组织自身的心理活动，获得精神力量。

　　第四，要经常进行自省。例如，当他们学习忍不住想看电视时，马上警告自己管住自己；当遇到困难想退缩时，马上警告自己别懦弱。这样往往会唤起自尊，战胜怯懦，成功地控制自己。

第六章

"雾里看花"的智慧——男孩父母应懂一点儿教育心理学

解析所谓的"坏小孩"

说谎心理:孩子天生不会说假话

撒谎是一种虚构事实的行为,这种行为如果没有得到适当的对待,会逐渐加剧,并稳定成为人个性心理的组成成分。随着年龄的增长,男孩们或多或少都出现过撒谎的行为,一位母亲讲过这样一个故事:

放学时我问乐乐:"今天有没有考试?"他非常坦然地说:"昨天就考完了。"我相信了。

回家我才翻到一张数学试卷,只有 60 分,我很愤怒。

不是因为他的分数低而生气,而是气愤他说谎,震惊于他那一脸的坦然。

他什么时候学会说谎了？我无比心痛。

这一段时间他考试成绩一直不太好，我和他爸爸都很着急，脸色也不太好看。我想他是压力太大，昨天我们教训了他半天，因为他语文考了 80 分，今天数学不仅没有长进，反而比语文低了 20 分，他怎么敢告诉我们呢？只有说谎。

另一位妈妈发现自己的孩子也有类似的行为：

马可从幼儿园回家后，高兴地告诉我："我在歌唱比赛中得了第一，老师给我发了一块巧克力，可好吃了。"后来妈妈碰到老师，老师说："没有啊！马可他根本没有参加比赛。"马可还对班里的小朋友说："我爸爸是集团老总，我妈妈长得像白雪公主……"我非常惊讶，孩子什么时候学会"说谎"了。

一次，当我向李老师"痛诉"儿子的撒谎行为时，自己却遭到了质疑。李老师认为，孩子撒谎多是跟大人学的。我反省自己的言行，不禁大吃一惊，原来自己无意识的"撒谎"行径，已经成了孩子的"榜样"。

现在的父母都会对自己孩子的撒谎问题感到恼火，但孩子天生是不会撒谎的，谁都不愿用撒谎来为难自己。他之所以撒谎，不外乎两个原因，一个是模仿大人，另一个是迫于外界的压力。

男孩很容易受父母潜移默化的影响，父母无意识的行为也会造成男孩学会说谎的可能性。虽然没有一个家长去教孩子说谎，即使经常说谎的家长也并不喜欢自己的孩子说谎。但如果家长在和男孩相处中，经常对男孩说一些谎话，比如说"我给你买个玩具"，可是总不兑现承诺；或者是家长在孩子面前对别人说谎，孩子经常目睹这种情境的话，也会慢慢学会说假话。

有时，男孩并不想说谎，但是迫于家长的压力，他们便开始找借口来逃避父母的惩罚。比如，有的家长很严厉，孩子稍微有点小错，就开始大声训斥，打骂。或者是不尊重孩子的想法，凡事都干涉孩子，并且强制孩子按照自己的意愿生活。这些都会造成男孩的情绪紧张和不平衡，他们为了逃避处罚，于是开始了妥协，也开始了说谎。

当男孩宁可承受说谎带来的压力与痛苦，也不告诉父母真相时，说明孩子在潜意识中已不信任父母了。父母与其指责孩子说谎，不如去反省自己的教育方式：是否给了孩子过大的压力，是否总想控制孩子的想法，是否自己的谎话被孩子听到……父母有责任通过改变自己唤起孩子的改变，使谎言止于"源头"。

厌学心理：追溯男孩厌学的根源

岚青上初三了，马上面临毕业考试，因此，父母对他管教得严厉了一点儿，尤其是学习方面。但是，父母发现，岚青似乎越来越不爱学习了，成绩也开始直线下降。父母着急上火，但岚青自己却像个没事儿人似的整天优哉游哉的。

岚青的父母跟老师诉苦："原来放学还知道看看书、做作业，可一上初三连作业都不做了，书也不看了。要么看电视，要么就坐在电脑前，不是上网就是打游戏，反正就是不看书不做作业。你说他两句吧，他就'嗯''啊'，说一会儿就去，可过半个小时你再看，他还在那玩呢。

"我们尽量去和他做朋友，逮住机会就做思想工作，可怎么说也没用，道理他都听不进去。问他为什么不学，他说'不为什么，就是不想学'。孩子这么大了，我们不可能也不想整天监督着他学，可他根本理解不了父母的苦心。

"早晨去学校的时候，他总是磨蹭再三，拖拖拉拉的，似乎很不愿意去学校。"

很明显，岚青有了厌学情绪。

厌学心理是对学习产生厌倦乃至厌恶，从而逃避的一种心态。这种心理状态直接影响到孩子的学习，并危害他们的身心健康。

大多数男孩的厌学与他们是否聪明没多大关系，而与家庭、老师、同学以及自身的基础等因素有关。

家长对男孩的期望过高，会加重男孩的学习负担，当男孩无法承受这些重负时，会对父母的做法产生反感，进而发展到讨厌学习、讨厌上学。上文中的岚青就是一个典型，由于父母对其学习的要求过于苛刻，从而使他产生厌学心理。

学校是学生学习的地方，也是孩子与人交往的地方，和老师、同学的关系，将会对孩子的学习产生很大的影响。老师对男孩的定位与品评将直接影响到他的学习，如果老师总是觉得孩子是后进生，总是批评孩子，那么他很容易产生厌学心理。与同学关系处得不好，也可能让孩子产生厌学心理。

有很多男孩学习十分努力，却总是拿不到好成绩，无法从学习中得到满足感和成就感，多次受挫，逐渐形成"我是差生"的观念，又反馈到学习行为上。这样恶性循环下去，势必会产生厌学心理。

父母与其为孩子"可恶的厌学情绪"感到焦虑，不如将其看作一个重新审视家庭教育的机会。因为大多数孩子厌学多是缘自家庭的原因，不愿意上学、拒绝上学。父母不妨从自身找原因，对自己的教育、家庭关系进行反省，例如：是不是对孩子太苛刻了，父母吵架是否给孩子造成了压力，自己是否总是把情绪带回家等，重新建立一种和谐、自由的家庭环境。父母要放弃以往指责孩子的教育方式，努力发现孩子学习和生活中的优点，并经常嘉奖。

此外，帮男孩同老师和同学建立良好的关系也是一个不错的方法。平时，父母要有意识地培养孩子与小朋友交往的能力，多带孩子参加一些集体活动，以改进孩子心理上对集体生活的适应能力。

攻击性心理：关注欺负小朋友的男孩

小飞和莎莎正在画画，小飞缺一支红色的蜡笔，看见莎莎笔盒里有一支，伸手就去拿，嘴里还说："这是我的。"莎莎不肯给他，小飞气得把莎莎画画的东西全扔掉了，还用脚去踢莎莎。

8岁的轩轩散漫、冲动、好斗，言行极具攻击性，一年级下学期就闻名全校。成绩门门红灯高挂，调皮捣蛋得出奇。老师见他头疼，同学见他害怕，上课破坏纪律，下课欺负同学，一会儿把同学的球抢过来扔掉，一会儿把女同学正在跳的橡皮筋拉得有十来米长，一会儿又故意用肩去撞对面过来的同学。如果谁说他一句，他就会对其拳打脚踢。

亮亮学习成绩差，性情怪异，不讲卫生，手上脸上总是有污秽；人际关系恶劣，总是欺负周围的同学，有时无缘无故打同学一巴掌或踢同学一脚；或者故意拿同学的东西。不尊重老师，对老师的要求不屑一顾，经常弄得全班同学哄笑不已，影响非常恶劣。

攻击性心理是指因为欲望得不到满足，而千方百计实施一些攻击性行为，以别人痛苦为乐的心理。它在不同的年龄阶段有不同的表现形式。孩子的攻击性心理在幼儿园阶段主要表现为吵架、打架，是一种身体上的攻击；稍大一些的孩子更多的是采用语言攻击，谩骂、诋毁，故意给对方造成心理伤害。从性别攻击心理来说，男孩以暴力攻击居多，女孩以语言攻击居多。

男孩攻击性心理的形成大致有三方面原因：遗传因素：有些攻击性强的男孩可能存在某些微小的基因缺陷；家庭因素：家长对男孩的暴力惩罚，往往使男孩产生一种抵触情绪，并把这种恶劣的情绪"转嫁"到别人身上，找别人出气。家长过度的溺爱也会铸就这种惹事"小霸王"；环境因素：美国心理学家班杜拉通过一系列实验证明，攻击性心理具有模仿性，如果儿童经常看暴力影视片、武打片，玩暴力电子游戏，接触具有暴力倾向的人，会强化这种攻击性心理。

攻击性心理甚至会影响到男孩的整个人生，如果这种行为没有得到及时纠正，那么等到他成年后，就会出现人际关系紧张、社交困难，甚至走向犯罪。

同是感冒，要用对症的药物才有效，而同属于"攻击性心理"，也要根据不同的诱因来"对症下药"。以下是几种"药丸"，请父母给男孩对症用药。

1. 父母应停止那些攻击性的言行，创造一个良好的家庭气氛，有充足的时间陪男孩玩。

2. 不让男孩看有暴力镜头的电影、电视，不让男孩玩有攻击性倾向的玩具。

3. 永远不对男孩的"攻击性行为"进行奖励。

4. 教男孩学会正确的"情绪宣泄"。

5. 饲养小动物，鼓励男孩的亲善行为，培养男孩的爱心。

6. 引导男孩进行"移情换位"，经常给他假设："如果你是被攻击的小孩，会有什么感受？"

让男孩认识陌生的自己

自我认知心理：我的价值与众不同

"认识自己"在心理学上叫"自我知觉"，即人对自我的感知。认识自己是非常重要的，一个人越了解自己，就越有力量。因为他知道如何扬长避短，如何最大程度发挥自己的潜力。很多成功人士都是了解自己的人。

一位作家的寓所附近有一个卖油面的小摊子。一次，这位作家带孩子散步路过，看到小摊子生意极好，所有的椅子都坐满了人。

作家和孩子驻足围观，只见卖面的小贩把油面放进烫面用的竹捞子里，一把塞一个，仅一会儿就塞了十几把，然后他把叠成长串儿的竹捞子放进锅里烫。

接着他又以极快的速度，将十几个碗一字排开，放盐、味精等作料，随后他捞面、加汤，做好十几碗面前后竟没有用到5分钟，而且还边煮边与顾客聊着天。

作家和孩子都看呆了。

在他们从面摊离开的时候，孩子突然抬起头来说："爸爸，我猜如果你和卖面的比赛卖面，你一定输！"

对孩子突如其来的话，作家莞尔一笑，并且立即坦然承认，自己一定会输给卖面的人。作家说："不只会输，而且会输得很惨。我在这世界上是会输给很多人的。"

他们在早晨店里看伙计揉面粉做油条，看油条在锅中胀大而充满神奇的美感，作家对孩子说："爸爸比不上炸油条的人。"他们在饺子馆，看见一个伙计包饺子如同变魔术一样，动作轻快，双手一捏，个个饺子大小如一，晶莹剔透，作家又对孩子说："爸爸比不上包饺子的人。"

如果以自我为中心，会以为自己了不起，可一旦把心静下来，就会发现自己是多么渺小。我们应该正确地认识自己，既要看到自己的优点，也要看到自己不如别人的地方。

英国作家哈尔顿在采访达尔文时，毫不客气地直接问达尔文："您的主要缺点是什么？"达尔文答："不懂数学和新的语言，缺乏观察力，不善于合乎逻辑的思维。"哈尔顿又问："您的治学态度是什么？"达尔文又答："很用功，但没有掌握学习方法。"达尔文既能认识到自己的优点，又能够理性地分析自己的缺点，这才是真正全面而客观的自我定位。

自我认知贯穿于人成长的整个过程中。男孩们从懂事起，就开始不断追寻"我是谁，我从哪里来，又要到哪里去"这些生命的本源问题。他们在一次次反思中，开始了解自己。

但这是一个艰难的历程，在大多数情况下，男孩是借助复杂多变的外界信息来认识自己。由于外界信息复杂多变，因此孩子对自己的认识很容易受到外界信息的暗示，而不能正确地认识自己。在一段时间里，错误的认知很可能影响孩子对人生和未来的感知。

正面的鼓励固然是一种积极的心理暗示，但是要有个度，不要让男孩的自满开始膨胀。要让男孩知道：一个人必须正确地认识自己，这是做人的一个最基本要求。你会赢，但也会输给很多人。

正确的自我认知从反省自己，不受环境左右开始，从分析别人的意见，秉持自己的想法开始。

杜根定律：自信的男孩不受伤

美国职业橄榄球联会前主席 D.杜根曾经提出过这样一条定律：强者不一定是胜利者，但胜利迟早都属于有信心的人。后人称其为"杜根定律"。

杜根定律揭示了自信对人的影响力。自信为一种自我肯定、自我鼓励、自我强化，坚信自己一定能成功的心理素养，没有自信心，你会发现没有生活的热情和趣味，也就没有探索拼搏的勇气和力量。

英国作家约翰·克里西年轻时立志创作，他没有大学文凭，又无靠山，但他有自信。他向所有出版社投稿均被退回，但他没有把退稿归咎于自己的无能，没有妄自菲薄，也没有一蹶不振，而是满怀信心地继续写下去，最后终于成为著名作家，使人们能欣赏到他那4000多万字的作品。

著名心理学家马斯洛指出，人应该要有自信心，他鼓励人们把奋斗目标定得高一些。他要求他的学生们努力去做一个积极的人，对一切充满自信。

自信是男孩健康成长不可缺少的因素。当然其他因素也非常重要，但最基本的条件是，孩子要有激励自己达到所希望的目标的积极态度。自信的孩子是了不起的，他们遇事不畏缩，也不恐惧，即便稍感不安，最后也都能超越自我。他们健壮而充满活力，时刻保持一种饱满的精神状态，他们一般意志坚定，了解自己，不会因外界的评价而或喜或悲，自信使他们一往无前，从不受伤害。

在美国一些学校，有一门课程很受学生的欢迎。这门课程叫作"自我表现课"，无论哪个学生有什么特长，都可以在班上表演，同学们争先恐后登台，在众目睽睽之下自我表现一番。据说，这对培养学生的自信心是十分有利的。培养男孩的自信，不妨从"自我表现"开始。鼓励他去表现自己，并从中发掘自身的优点和独特之处，从生活点滴中强化自信心。

状态依赖回忆心理：让快乐生发更多的快乐

小寒的爷爷每天坐在加油站外面的椅子上，向开车经过镇上的人打招呼。

这天，小寒在他身旁，陪他慢慢地共度光阴。他俩看见一位长得瘦高、背着大包、看起来像个游客的男人到处打听，想要找地方住下来。

陌生人走过来说："这是个怎样的城镇？"

老人慢慢抬起头回答道："你来自怎样的城镇？"

游客说："在我原来住的地方，人人都很喜欢批评别人，邻居之间常说别人的闲话，谁也瞧不起谁，总之那地方很不好。我一点儿也感受不到快乐。"

爷爷对陌生人说："那我得告诉你，其实这里也差不多。"

过了一个小时，一辆载着一家人的大卡车在这里停下来加油。车子慢慢转进加油站，停在老先生和他孙子坐的地方。母亲带着两个小孩子下来问哪里有洗手间，爷爷指着一扇门，上面有根钉子悬着扭歪了的牌子。

孩子的父亲也下了车，问老人说："住在这城镇不错吧！"

坐在椅子上的爷爷反问道："你们原来住的地方怎么样？"

中年人说："我原来住的城镇每个人都很善良，人人都愿意帮助邻居。无论去哪里，总会有人跟你打招呼，我们在那里很快乐！"

爷爷脸上露出了和蔼的微笑，回答说："其实这里也差不多。"然后那家人回到车上，说了声"谢谢"，挥手再见，驱车离开了。

小寒不解地问爷爷："为什么您告诉第一个人这里一点儿也不好，却告诉第二个人这里很好呢？"

爷爷慈祥地看着孙子的双眼说："不管你搬到哪里，你都会带着自己的态度；那地方是好是坏，全在于你自己！"

悲伤的人总是以悲伤的态度回忆过去，而且越回忆越悲伤，还把这种态度又带到了新的生活中，而快乐的人则总能看到美好的一面，越回忆越快乐，并且把快乐的态度带给了新生活，这是什么原因呢？

要回答这个问题，先要明白心理学上的一种现象：状态依赖记忆。

即你目前处于何种情绪状态，会影响你的记忆内容和方向。因为人在大脑中搜索记忆，必须要依赖一根导火线，以便掀出记忆中相同状态的旧事。人在回忆的时候会产生一种"一致性压力"，驱使人调整记忆方向，以与现在的想法、情绪、感受趋于一致。也正是因为这个原因，快乐的人比较容易忘记那些不愉快的事，而回忆曾经那些愉悦的事情因此快乐的人会越快乐。同理，悲伤的人会越悲伤。

这种心理现象足以来解释为什么有的男孩总是高高兴兴的，每天都能感受到无尽的乐趣，也总能给大家带来快乐。而有的男孩则很伤感的样子，总是莫名地皱眉头，性格孤僻，不怎么合群。

没有心事的男孩很少很少，大多数男孩都会遇到各种各样成长的烦恼。你可以与孩子经常谈谈心，也可以送给孩子一个"快乐记事本"。将生活中那些快乐的事情、感动的事情、鼓舞的事情记在这个本子里，很用心地记下美好的回忆。

配套心理：给孩子一个新的起点

18 世纪法国有个哲学家叫丹尼斯·狄德罗。有一天，朋友送他一件考究的睡袍，当他穿着华贵的睡袍在书房行走时，觉得周围环境很不协调：家具破旧不堪，地毯粗糙不干净。于是为了与睡袍配套，他把旧的东西先后更新了，书房终于跟上了睡袍的档次。后来他发现"自己居然被一件睡袍胁迫了"。

200 年后，美国哈佛大学经济学家朱丽叶·施罗尔提出了一个新概念——"狄德罗效应"，也叫"配套效应"，即人们在拥有了一件新的物品后，总是倾向于不断配置与其相适应的物品，以达到心理上的平衡。

人们对事情的看法并非固定不变，而是会随着自己的身份做出改变。当身份改变了，态度和立场也会自然而然改变，人会在这个过程中获得心理的平衡。如果人的身份变了，但态度和行为不予配合，便会出现一股强大的心理压力，驱使人不得不调整心理，直到态度、行为与身份之间的不协调彻底消失为止。

洋洋是一个调皮捣蛋、不遵守班级纪律的后进生。一天，他与班上品行、学习均较好的优秀生谢雨轩发生了争吵。

这件事被教师发现后，按照自己以前的"经验"，洋洋认为自己必先挨批，必先受老师呵斥，老师必"袒护"谢雨轩，但是老师却一反其常规，采取"冷处理"，经过询问，搞清原委，分清是非，公正处理。洋洋大为感动，一反常态，主动向老师道歉认错；老师则因势利导，告诉洋洋："其实你有很多优点，比如见义勇为、热爱劳动、具有很强的组织能力，像上次由你发起的篮球比赛，就得到了同学们的一致好评。这些老师都看在眼里，老师还想让你来当咱们班的纪律班长呢！你回去想一想，看采用什么方法能把班级的纪律管理得更好，想出一个方案给我，好吗？"

洋洋回到班级后，为了做个好班长，他一改原来的恶习，不仅遵守纪律、关心同学，把班级管理得很好，而且课堂上也变得很活跃，主动举手回答问题，不会的问题主动提问，结果成绩很快提高了。

正如故事中的调皮男孩，当他当上纪律班长后，这种"身份"使他对自己的行为和态度进行了调整，尽量改变自己，来适应这个新的"身份"。

父母有价值的"睡袍"可以促使男孩为了与之配套而产生一系列好的或者对他们成长有利的行为表现，反之，劣质的"睡袍"只会使男孩走向倒退。要想引起男孩的变化，首先应该根据男孩的特点合理地设置目标，适时地抛给他一件有意义的"睡袍"，激发男孩自我转化的内在动机，主动实现良好的与之配套的行为。

放弃努力塑造男孩的心理和那些没完没了的唠叨，多给孩子几套有价值的"睡袍"，让他在潜移默化中朝着"配套"的方向发展。在此过程中，他会自觉调节自己的行为、思想与身份之间的偏差，努力达到"配套于合一"的效果。

但要注意不动声色，千万不要让男孩觉得你的目的仅仅是为了约束或改变他的不良行为，而不是出于真正的信任。

帮助男孩化解负面情绪

杜利奥定律：用积极的情绪感染男孩

美国自然科学家、作家杜利奥曾经提出过这样一条心理定律：没有什么比失去热忱更可怕，一旦失去热忱，人便垂垂老矣。人的精神状态不佳，一切都将处于不佳状态。人们将这条定律称作"杜利奥定律"。

它揭示了一个本质性的问题：人与人之间只有很小的差异，但这种很小的差异却往往会造成巨大的差异。很小的差异就是所具备的情绪是积极的还是消极的，巨大的差异就是成功与失败。

男孩的心理是极敏感也是极脆弱的，作为家长，你平时有没有注意观察孩子的情绪变化和心理状态？

情绪在儿童心理活动中具有很强的动机作用。情绪是心理活动的伴随现象，在人类心理活动中的作用是其他心理过程所不能代替的。简单地说，情绪是人类认识和行为的唤起者和组织者。简单说，心情不好，状态不佳的时候，人是不会主动去做很多事情的。男孩也是一样，甚至比大人更敏感，更容易受到情绪的摆布。男孩如果能够把自己所做的事当成一件快乐的事，那么他就会积极主动地去完成。而如果是被动地去执行，尽管有惩罚的威胁，但作用不大。

对于父母来说，使男孩保持乐观的情绪状态是很重要的。父母在培养、教育男孩时应该以身作则，或者用其他方法来教育、引导孩子拥有一颗快乐、乐观的心，让孩子成为一个开朗的人。

家长应该尽可能地保持一种积极的情绪状态，可以在家中讲笑话，增添家庭的快乐气氛。要知道家长这种积极心理现象可以促使男孩乐观积极、奋发向上。引导、教育孩子以乐观、积极的态度去面对一切，不仅需要各种活生生的事例让孩子心悦诚服，也需要父母自身能够以平静的心态对待一切。只有开心的父母，才会有快乐的孩子。

习得性无助心理：无边的绝望来自哪里

心理学家塞利格曼和梅尔做过这样一个实验：首先将一条狗放入一个笼子里，笼子底是用金属制作的，将笼子用隔板一分为二，在狗所站的一侧通上电流，狗在受到电击后，只要跳到无电的另一侧，就可不受电击。一次次重复后，狗就学会了在遭到电击时跳过隔板。后来实验者将狗约束住，放到通有电流的一侧，一次次给予电击，狗虽然想挣脱却无能为力。再到后来，实验者将狗的约束解除，放入笼内，再给予电击，结果发现，狗不再试图跳过隔板，而只是在笼子里来回跑动，或不停地呻吟，无所作为，一直等到电击消失为止。狗在多次受到挫折以后，产生了消极认识，进而感到无助和绝望，并逐渐失去了与命运、挫折抗争的心理。

塞利格曼从这个条件反射实验中提出了"习得性无助"的理论。心理学研究表明，"习得性无助心理"不但会发生在动物身上，在人身上也同样会发生。当人长期遭受失败与挫折时（如学习成绩差、升学考试失败、失恋、不良人际关系，甚至身患不治之症，等等），如果总是不能突围这种困境，人会产生绝望的体验，最终对自己和人生彻底失望。

自从进入市重点高中以后，王浩就开始讨厌学习。其实，王浩在中学和小学时学习很好，成绩经常在班上名列前茅，可自从进入市重点高中以后，王浩发现，班上的同学个个都很强，开学不久的一次考试将王浩推进了深渊。那次考试，他竟然有两科不及格，就连他最拿手的数学也只考了 70 分，这无疑是给了他当头一棒。

那次考试之后，他曾暗下决心，要努力学习，迎头赶上。但期中考试之后，他彻底绝望了，因为他又有两科不及格，总成绩也不高。班主任为此还专门找他谈了话，将他批评了一顿，班主任认为是他没有用功学习。其实，他已经很努力了，只是不知为什么成绩总上不去。之后，他索性破罐子破摔，经常不写作业，上课也不好好听讲……他看不到自己的未来，也不知道自己以后能干什么……

其实，王浩此时体验到的就是"习得性无助心理"，学业上频频失利使他产生了消极的认识，他曾经的"辉煌"都被现在的失利吞噬了。他否定了自己的能力，看不到自己的未来。

导致孩子"习得性无助"的原因多是老师和家长对孩子提出了过高的要求。孩子即使再努力，都无法达到他们的要求，并且无论如何做都会受到此类的批评和指责，如："这孩子不用功。""还是没有发挥出水平。""怎么这么笨？""你怎么总不如某某学习好？"这样，久而久之，就会给孩子造成一种错觉："我永远都不会成功，我又何必努力呢？"孩子就会失去信心，变得茫然，进而会觉得自己是一个废物。这时，孩子的"习得性无助心理"已经形成了。

不管男孩的成绩、美丑、过去如何，现在都要给孩子注入一种爱，用爱的力量温暖男孩的心灵。在孩子失落的时候，孤立无助的时候，至少让他们感到：这个世界上还有爸爸妈妈爱着我，这无疑会使孩子在情感上获得重生的力量。

父母的话语对于男孩来说，具有很强的权威性，男孩经常对父母的话深信不疑。因此，永远不要说"你不行""你真笨""你不如某某"之类的话语，永远不要在孩子的伤口上撒盐。无论是怎样的男孩，你都要与其进行善意而有爱心的对话，使他们尽快摆脱"习得性无助心理"，振奋精神，继续上路。

恐惧心理：今日的恐惧是昨日的映照

恐惧心理是指人在真实或虚幻的危险中，深刻感受到的一种强烈而压抑的情感状态。通常表现为：精神高度紧张，容易冲动，内心充满害怕，注意力分散，不能正确判断和控制自己的举止。

芮恒今年上小学四年级。当春天百花盛开时，他的情绪就会非常低落，因为他对花有一种莫名其妙的恐惧。

这种恐惧心理的产生可以追溯到他小时候。他 7 个月时，母亲抱着他去亲戚家参加婚礼，刚进新房，院里就响起了鞭炮声，一只小花猫蹿上桌子，把插着花的花瓶碰倒在了地上。见此情景，芮恒非常害怕，大哭起来。10 个月时，奶奶抱他在院子里玩，一走近院里种的牡丹花他就大哭起来。一岁时，带他去串门，发现他一看见别人家床单上的花卉图案就放声大哭。家里人这才意识到芮恒怕花，但并未引起家人的重视。

但是，随着年龄的增长，他对花的惧怕程度不但没减轻反而更加严重了。4 岁时，他和院里的一群孩子跟在出殡的队伍后面看热闹，当他发现棺材上的大白花时，立刻转身没命地往家跑，跑到家里已经面无血色了。

后来发展到无论是布上、纸上的花卉图案，还是纸花、塑料花、鲜花，他都怕得不得了。就连路边的鲜花对他来说都是件可怕的事，时间一长，同学们都知道他怕花，常跟他开玩笑，故意往他身上扔花，经常吓得他面色苍白，手脚冰凉，甚至上课时他总是东张西望，唯恐窗外有人把花扔进来掉在他身上。

恐惧其实是来自过去的经历。俗话说:"一朝被蛇咬,十年怕井绳。"人在过去受过某种刺激,大脑中就会形成一个兴奋点,当再遇到同样的情景时,过去的经验被唤起,就会产生恐惧感。恐惧心理还与人的性格有关,一般害羞、胆小孤独、内向的人,易产生恐惧感。

每个人都有害怕和恐惧的经历,男孩也是一样。恐惧是男孩在心理发展过程中普遍存在的一种情绪体验,男孩的各种恐惧都是成长过程中必然伴有的现象。许多恐惧不经任何处理,随着年龄增长均会自行消失。但是,这并不意味着这些恐惧就无关紧要。正如上文中的芮恒,由于父母没有重视孩子的恐惧心理,芮恒在成长过程中也没有发现克服恐惧的方法,因此最初的恐惧心理变成了一种心理疾病:恐惧症。患这种病的孩子惧怕的内容比较稳定,持续得时间较长,不易随环境、年龄的变化而消失。孩子会由于恐惧产生回避或退缩行为,严重影响他的正常生活和学习。

成人和儿童的世界是截然不同的,父母不要以成人的想法代替孩子的认识。也许你认为并不神秘,也不害怕的东西,在孩子看来是非常恐怖的事物。家长认为看"恐怖片"无所谓,可在想象力丰富的孩子看来,无异于一场可怕的"亲身经历"。

当然,成长中的孩子不可避免地接触"怕"的事物。"怕"是认知的前奏,了解得多了,对这个世界的认知能力提高了,自然也就不害怕了。父母可以结合男孩的年龄,来帮助孩子认识"怕"的东西,在平时的训练和生活中有意识地培养他勇敢的品质,并逐渐淡化"怕"的内容。

如果男孩的恐惧感非常强烈而且逐步升级,影响到其性格与行为时,就应带他去看心理医生。

嫉妒心理：不要让妒忌成为一种病

嫉妒是每个人都有过的一种情绪体验，它是人们普遍存在的一种心理。嫉妒心理是一种负面情绪，是指自己的才能、名誉、地位或境遇被他人超越或彼此距离缩短时所产生的一种由羞愧、愤怒、怨恨等组成的多种情绪体验。它带有明显的敌意，会给人际关系造成极大的障碍。有时，明知道是嫉妒，是不应该的，却无法消除。地位相似、年龄相仿、经历相近的人之间容易产生嫉妒心理。

雷凡和左安在小学时就是形影不离的好朋友。两个小伙伴更是整天在一起玩，晚上放学后也一起写作业，有了喜欢的东西也愿意和对方分享。

但最近，妈妈发现，雷凡对左安有些反感，最近一直没理左安，妈妈感到很奇怪。

这天放学后，电话铃响了，妈妈接起来后，是左安打来找雷凡一起出去玩。

"雷凡，左安叫你一起出去玩。"妈妈叫雷凡接电话。

"我不去，就说我正在写作业呢。"雷凡闷闷地说。

"雷凡，你怎么了？"妈妈握着话筒不知道该怎么说。

"我都说了不去了，真烦。"

"对不起啊，左安，雷凡他有点不舒服，今天就不去找你玩了，明天让他过去找你好吗？"妈妈只好这样告诉左安。

放下电话后，妈妈问儿子："你怎么不理左安了，你们不是好朋友吗？"

"没有呀，只是我今天心情不好。"

吃晚饭时，爸爸说："雷凡，听说左安被评为'市三好学生'了，怎么没听你说过啊？"雷凡突然就放下了碗筷，一脸不服气："哼，那有什么了不起的！真是的，有了一点点的成绩就到处炫耀……"

妈妈忽然明白了，怪不得雷凡最近不理左安呢，原来左安被评为了"市三好学生"，而雷凡却与此无缘。多年的好朋友之间出现了不平等，于是雷凡因为嫉妒而不愿意与左安交往了。

希腊著名心理学家乔治·卡纳卡基斯说："其实嫉妒是一种十分自然的反应，每个孩子都会嫉妒。"孩子的嫉妒心理从很小的时候就会有所反应，有人做过实验，15个月的孩子，如果妈妈当着他的面抱别的孩子，他就会有所反应，非要让妈妈放下别人抱自己，并紧紧搂住妈妈，好像在说："这是我的妈妈，不是你的。"

生活中我们发现，好多种情况都能使男孩产生嫉妒心：比如，妈妈夸赞别的小朋友，自家的孩子就会嫉妒。如果别的小朋友有一个好看的变形金刚，而自己没有，心里就会不好受。

可以说，嫉妒在每个男孩身上，都有不同程度的反应。而现在家长对孩子的娇惯，更助长了嫉妒这种心理。嫉妒已成为一种愈来愈严重的通病。

男孩对他人拥有的而自己不具备或得不到的东西，往往会产生一种由羡慕转化为嫉妒的心理，这是很正常的现象。父母平时应该多和男孩接触交流，及时掌握孩子的心理变化，了解孩子嫉妒的直接起因，耐心倾听孩子的心理感受。要知道，孩子的嫉妒是直观、真实甚至自然的，它完全不像成年人那样掺杂着许多其他的社会因素，它只是孩子们对自己愿望不能实现而产生的一种本能的心理反应。

因此，当男孩显露出其嫉妒心时，作为家长，千万不要严加批评指责，而应倾听，理解他的愤怒、不安、烦躁等不良情绪。在男孩倾诉完之后，要为他正确分析与他人产生差距的原因。积极寻找缩短差距的途径和方法，以便使男孩能正确与他人进行比较，以积极的方式缩短实际存在的差距，最终化解内心的不平衡。

属于男孩的社交心理学

适度自我暴露心理：说该说的话

在学校里，徐一山是班中最擅长交际的，并且人长得也精神。但是同学们都有自己的几个知心朋友，唯有擅长交际的徐一山是独自一人。

为什么呢？他身边的同学都表示，他太神秘，谁也不了解他。和他同宿舍的几个同学也说，刚开始和他交往时，感觉他是个活泼开朗的人，但时间一长，就发现他很神秘。

原来，徐一山一直对自己的私生活讳莫如深，也从不和别人谈论自己，每当别人问起时，他就把话题岔开，怪不得同学们都觉得他神秘呢！

裴林是高中生，刚入学不久，他就把同班同学给震住了。一天早上，第一节下课课间，坐在前排的他转过身向一位同学借笔记，还回来时笔记簿里竟然夹了一张女生的照片，并打开了话匣子，跟后面的同学聊了起来，说那是他新认识的女孩子，正热恋中。他从他和女孩怎样认识、怎样交往一直说到产生小摩擦又怎样和好……

这样的事情有很多，而且他经常不分时间、场合随便就跟别人讲自己的一些私事。到后来，同学们一见到他就赶紧躲开，大家都受不了他了。

在与别人交往时，有些男孩是相当封闭的。他们不一定内向，却总是对自己的事情闭口不谈，从不触及自己的隐私，不谈自己内心的感受，这样的人是不可能与他人建立起密切关系的，就像上文中的徐一山。而有些孩子社交能力很强，他们总是将自己所有的秘密全盘托出，包括隐私。这种过度地自我暴露反而给人一种威胁感，会被他人看作是适应不良的自我中心主义者，像上文中的裴林。

这两种人的交往问题都属于心理学上不适度的"自我暴露"。所谓"自我暴露"，即指个体与他人交往时，自愿在他人面前真实地展示自己的行为，倾诉自己的思想。适度的自我暴露会使彼此减弱防御心理，缩小心理距离，逐渐产生好感，由此建立起与他人的联系和信任。

心理学家认为，懂得适度暴露的人，他有着基本的安全感，能够接纳自我，并已具备了超越自我的能力。他能够向对方适度袒露，发现双方的共同之处，从而和对方建立某种感情的联系。

当男孩还小的时候，要鼓励他多与其他小伙伴交往，和其他小伙伴一起分享兴趣、爱好，清晰地表达内心的喜怒哀乐。

当进入青春期后，就要告诉他：为人要真诚，对他人要慷慨些，多与人沟通。应该至少让一个重要的人知道和了解真实的自己。但是你也不一定要说你的秘密，在不太了解的人面前，你可以交流一些生活中并不私密的情感，这样也可以让别人觉得你有亲和力。

投射心理：不要盲目扩大自己的愤怒

正在上四年级的鹤轩有一次忘了把新来的老师发的数学试卷带

回家，他急坏了，这可是今天的作业啊，一定要完成的。突然，他想到了一个办法，去找楼下的彬彬，借来他的卷子，把上面的习题誊抄到本子上，然后做完。这并不是一件轻松的事，他足足花了一个半小时才抄完习题，然后又花了同样的时间才做完。他本以为像他这么认真，老师肯定会夸他的，可没想到的是，当第二天上数学课时，老师看到他的卷子，当着很多同学的面，狠狠地批评了他。老师认为他是没把作业当回事才忘了把卷子拿回家，誊写是因为有的题不会想看看别人的。

这件事使鹤轩很长时间对这位数学老师怀恨在心。他开始经常在这个数学老师的课上捣乱，不听讲，屡次顶撞老师，甚至经常向别的同学散播数学老师的谣言。在他看来，这个数学老师简直一无是处，长得丑，讲课不好，人品不好，还很"笨"。

其实数学老师当天批评他后，心里挺后悔的，她觉得自己的做法很不对，在以后的日子里，总是试图去弥补，可是鹤轩并不领情，他认定了这个老师不是好人。老师让他回答问题，他认为是想故意为难他；给他看作业，他认为是故意想找他的错；让他来黑板上写数学公式，他认为是想嘲弄他……后来，因为对老师的抵触，他的数学成绩也越来越差了。

鹤轩以自己的心去推测老师，因为他对老师有意见，便推测老师也是这样，总想处处为难他，这种心理是明显的"投射心理"。所谓的"投射心理"，是指将自己的特点归因到其他人身上的倾向。在人际认知过程中，常常假设他人与自己具有相同的属性、爱好或倾向等，常常认为别人理所当然地知道自己心中的想法。以己度人，把自己的感情、意志、特性投射到他人身上。

心理学家罗斯曾做过一个实验来研究投射心理：在80名参加实

验的大学生中征求意见，问他们谁愿意背着一大块牌子在校园里走。结果，48名大学生同意背着牌子在校园内走动，并且认为大部分学生都会乐意背，而拒绝背牌的学生则普遍认为，只有少数学生愿意背。可见，这些学生将自己的态度投射到其他学生身上。

投射使人们倾向于按照自己是什么样的人来知觉他人，而不是按照真实的客观情况来认知别人。比如，一个心地善良的人会以为别人也都像他一样善良；一个喜欢嫉妒的人会认为别人也总在嫉妒他。

正处于成长阶段的男孩们，其实很容易出现投射心理，他们总是习惯于理所当然地认知周围的人，自己的态度不好，也会把这种态度投射到自己不喜欢的人身上。

男孩如果总是用"投射心理"来认识周围的同学和老师，极易出现认知的偏差，导致人际关系出现紧张。在平时，父母要给他灌输一种辩证地、一分为二地去看待自己和别人的思想。跳出事情，站在旁观者的角度来重新审视。

依赖心理：过度溺爱引发的依赖症

一个高二的男孩在妈妈的陪同下，来到了心理咨询室。男孩的妈妈还没坐下，就急切地问医生："我儿子卢强一个月没上学了，总是身体不舒服，看了很多医生都不管用。您快帮帮我们吧！这病都把我和他爸急坏了！"

当心理医生与卢强独谈时，才明白事实并非如此，卢强其实是因为他的早恋。他给心理医生讲述了他的经历：早在初中的时候，我就开始早恋，我其实并没有爱上她，只是觉得有个人依靠真好。父母对此感到恼火，他们不喜欢我谈恋爱。上高中后，我遇到了一个女孩，她经常给我以鼓励和安慰。慢慢地我感觉非常依赖她，有点儿离不开她了。可是后来，她居然提出了分手，我很难受，每次见到她都会特别难受……我总是想起我们在一起的日子，想起依赖她的那种感觉。其实我也不是很喜欢她，就是觉得很想依赖她。我想在家被父母宠着、照顾着，在学校被女友呵护着，可是现在学校里没有女生能给我这种感觉了。

卢强总是把依赖错当成"恋爱"，其实这是一种典型的人际依赖心理，试图像依赖父母一样去依赖生活中的朋友、同学、恋人，甚至陌生人。依赖是心理断乳期的最大障碍，当男孩进入青春期后，他已经具备了一定的独立意识，但对别人的依赖仍常常困扰着他。随着身心的发展，他要面对的问题和承担的责任将越来越多。有些人感到胆怯，于是他们讨厌成长，想如同儿童依赖父母一样去依赖别人，这样往往不能形成自己独立的人格。他们容易失去自我，遇到问题时，时常祈求他人的帮助，往往人云亦云，优柔寡断，丧失自我主宰的权利。

依赖心理产生的根源在于父母的溺爱。现在的父母对男孩过度保护，一切为子女代劳，他们给予子女的都是现成的东西，使子女养成了"衣来伸手，饭来张口"的习惯。当他们走向社会后，就会觉得别人也应该理所当然地给予他，关心他，让他可以去依靠。

男孩的依赖心理如果长时间得不到纠正，发展下去有可能形成依赖型人格障碍。出现恐惧、焦虑、担心、缺乏安全感等一些负面情绪，严重影响人际交往和学习生活。

在溺爱的环境中成长的男孩多是独生子女。要想使男孩摆脱因溺爱而生的依赖心理，最好的办法就是把"独生子"当长子来养。可能有的父母会说："只有一个孩子，那么他自然而然就是长子了。"

其实不然，在一些独生子女家庭，这些孩子更像家中最小的孩子，集万般宠爱于一身。而传统意义上真正的长子则是很辛苦的，他们多半很小就懂得要承担照顾父母的责任，很小就明白要多替父母分担生活的辛苦。

社交恐惧心理：孩子为什么不敢说话

王烨以前是一个懂事、听话的男孩，个性比较内向、敏感。两年前读高中时，有一天路上与老师相遇，他感到紧张，没有抬头和老师说话，便低着头匆匆走过。旁边有一个同学看到这一情形，对他说："你怎么不和老师说话，老师刚才一直都看着你呢。"

王烨听后深感内疚，第二天到学校时，不敢抬头看那位老师的眼睛。后来这种状况逐渐加重，连别的老师的眼睛他也不敢直视，进而发展到连普通人的眼睛也不敢看。偶尔与别人的目光相遇，便感到特别紧张，心跳加快、全身冒汗，并认为自己的表情肯定很尴尬，会引起别人的耻笑。从此，他走路总是低着头，唯恐看到别人的目光。由于紧张、心情不安，王烨上课无法专心听讲，学习成绩下降，结果没有考上大学。后来症状更加严重，以致不敢出门。他为此感到非常痛苦，不得不求助于心理医生。

王烨最初只是出现了轻微的社交恐惧心理，可是后来，这种心理状态不但没有调整好，反而变本加厉，发展成了"社交恐惧症"。

"社交恐惧症"也称作"社交焦虑障碍"，是以害怕与人交往或当众说话，担心在别人面前出丑，而尽力回避的一种恐惧感。恐惧的对象是某个人或某些人，甚至包括一些亲人、朋友。

心理学家认为，"社交恐惧"这种不正常的心理状态与人在童年时期的某个行为印痕有直接的关系，而发病往往是在青少年期居多。

例如，小时候本来想在众人面前表演一首歌，可没想到，他看到这么多人时却忘了歌词，这使他尴尬至极。从那以后，他变得不敢当众讲话了。

有一个叫天天的小孩经常去邻居家玩，可有一次他无意中听到邻居乐乐的妈妈在警告他："别让天天来咱家了，烦死人了，下次他再来你赶紧打发他走。"天天听到后悄悄地缩回了已经踏入门槛的一条腿，从此之后，他再也不喜欢与人交往了。

如果童年受过伤害的男孩，在以后的成长过程中没有找到化解的方法，那么多半会在青少年时期伴有程度不一的"社交恐惧心理"，严重的便成为"社交恐惧症"。

此外，如果男孩看到或听到别人在某种交往情境中遭受挫折和拒绝，自己就会感到痛苦、羞耻、害怕。这种"间接经验"会不自觉地影响他们对人际交往的看法，甚至产生"社交恐惧心理"。

社交恐惧症就像"流感"，最好在它来袭之前就做好预防。在男孩的成长历程中，父母应尽量多抽些时间陪男孩说话、游戏、散心，多带男孩去串门、逛街、走亲戚，哪怕牺牲赚钱的时间都是值得的。

如果男孩真的因为一些原因出现社交恐惧心理或"社交恐惧症"，不必恐慌，要知道你的恐慌会使男孩手足无措。这个时候唯一能做的就是"解决问题"。父母可以用一些事情分散孩子对"恐惧"心理的关注。还可以运用系统脱敏法，鼓励男孩先与父母敞开心扉，其次再和比较亲近的朋友和亲戚交往，再次和关系一般的同学交往……

如果男孩生理上的不良反应比较严重，最好是去看心理医生。不过"社交恐惧症"听起来好像比较可怕，其实它只是一只纸老虎而已。只要"治疗方法"正确，很快就会好起来。

互惠心理：不懂得分享是一种惩罚

生活需要分享，快乐和痛苦都需要有人分享。作为父母，你教导男孩学会与人分享了吗？

雷刚准备参加学校排演的舞剧，这次他扮演的是西部牛仔，雷刚希望能借蒲雨田的皮靴上台表演。可是，蒲雨田不舍得，因为那双靴子是美国的姑妈给他寄回来的生日礼物，平时蒲雨田也不舍得穿。现在雷刚开口向自己借靴子，而且是要到舞台上蹦蹦跳跳的，要是弄坏了怎么办？那可是有钱也买不到的呀！

蒲雨田没有立刻答复雷刚，推说自己先回去问问妈妈的意见。

回到家里，蒲雨田和妈妈商量了起来："妈妈，你觉得我应该借给他吗？要是弄坏了怎么办？"

妈妈没有正面回答儿子的问题，她笑着说："别人也借给你东西吧？那次，雷刚还把他最喜欢的溜冰鞋借给你玩了好一阵子呢。你还记得吗？"

蒲雨田听罢妈妈的话，脸红了起来，说道："对呀，雷刚对我可是从来不吝啬的，我太小气了。"

看到孩子脸红了，妈妈接着说："懂得分享，人生往往更加快乐，所以，越珍贵的东西，越要懂得与人分享。"

听完妈妈的话，蒲雨田立刻给雷刚打了电话："靴子我明天就给你拿去，你可要好好表演，表现出最好的状态……"

妈妈在一旁欣慰地笑了……

人的心理其实是很微妙的，当得到别人的好处或好意后，总想以相同的程度回报别人。这种心理叫作"互惠心理"。这是人类社会中根深蒂固的一个行为准则。

一位心理学教授曾经做过一个小小的实验，证明了人们这种普遍的心理。他随机选择了一群素不相识的人，给他们寄去了圣诞贺卡。虽然他也估计会有一些回音，却没有想到大部分收到贺卡的人，都给他回了一张，尽管他们互不相识。这个心理实验验证了人们之间"互惠"的心理，人们普遍认为应该尽量以相同的方式回报他人为我们所做的一切。如果别人帮了我们，我们也应该帮他一次；如果别人送给我们圣诞礼物，我们也应该送他一份。

孩子之间的交往，也遵从"互惠心理"，往往是小 A 给了小 B 一样玩具，小 B 也要回报小 A 一件；小 A 告诉小 B 他的一些学习方法、工作经验，小 B 也不吝啬同小 A 分享自己的学习和工作感受。互惠心理其实也有些像坐跷跷板，不能永远固定某一端高、另一端低，而是要高低交替。一个永远不肯吃亏、不与别人互惠的孩子，即使赢了，从长远来看，他也得不到多少好处，因为没有人愿和他玩下去。

现在很多父母宁肯亏了自己也不愿怠慢自己的孩子，一边把最好的东西给孩子，一边担心孩子会发展为不关心别人的冷血儿，一边又在做着阻止孩子学会分享的事。这是教育上的一个误区。

父母自己首先要学会分享，坦然地分享，成为与孩子分享的伙伴，比如分享零食、分享快乐、分享想法。其次，经常告诉孩子："越是珍贵的东西，越要懂得与朋友分享。"

熟人链效应：从那些"半生不熟"的人身上发现共同点

致远是刚刚升上初一的小男孩，他见了生人通常不怎么说话，即使别人主动跟他打招呼，他也不搭理人家。可是见了熟人，刚见面就会滔滔不绝地交谈开来，往往是说起话来都忘了时间。

不仅如此，他对那些初次见面或不熟悉的同学都很冷漠，比如，刚转来这个班的琳琳问他数学题，他连理都不理，而其他同学问同样的问题，他就热心地给予解答。离他座位较远的文博向他借一本好看的连环画时，他坚决不借。

致远的一个好朋友乐乐非常讨厌女生丫丫，总是欺负她。致远知道这件事后，不但不去劝说阻拦，还"助纣为虐"，在放学的路上打丫丫，以至于被人家家长找到家里……

致远对于那些"半生不熟"的人，做了很多"过分"的事情。但这些老师并不知道，初一下学期调座位时，老师无意中把那些"半生不熟"的人都调到了他旁边，同桌竟然是丫丫，如此一来，周围的小孩整天在一起玩耍，学习上也是互相帮助，可没人愿意理致远，以至于最后他成了"孤家寡人"。

现实中很多男孩都出现过类似致远的情况，他们不愿意去面对新的环境和一些新的朋友，结果最后别人也不愿理会他们。生活看来真有点偶然性，被这些孩子侵犯的人偏偏不会"分道扬镳"，有时甚至会一起走一程。这到底是什么原因呢?

美国有人分析，如果随意挑出两个美国人来，例如：罗伯特和约翰，那么，他们相识的可能性只有二十万分之一。但是罗伯特认识某人，某人又认识另一个人，另一个人又认识约翰，这种可能性却要多达一半以上。这就是社会心理学中所谓"熟人链效应"。这条"熟人链"无始无终，社会生活中的每一个人，都是这"熟人链"上的一环。

但男孩在人际交往和认知过程中，往往存在一种倾向，即对于自己以前熟悉或与自己存在着某些共同之处的人，愿意接近，并把这些人视为"自己人"，积极地进行交往。而把那些不熟悉，没有什么共同点的人看作"生人"，不想理会或有一定的反感情绪。

这些孩子其实还不懂得，在生活中人会不可避免地要同形形色色的人打交道。只有处理好同各种人的关系，才可为事业的成功开拓宽广的道路。只认"熟人"，不认"半生不熟"的人，难免会使人在以后的路上处处碰壁。扩展熟人链，其实是一条成功的捷径。

心理学家斯坦利·米尔格拉姆曾提出过这样一个理论：世界上任何两个人只要通过五六站中间关系，就可以属于一个共同的熟人圈。你可能会觉得这种提法不可思议，但不可否认，通过熟人的熟人的熟人介绍，"自己人"的圈子会迅速庞大起来。孩子们之间的交往也是如此。他们认识的人越多，熟人链就会越牢固，这无疑是以后人生中的一笔牢靠的财富。因此，父母既要尊重孩子现在的朋友，又要鼓励孩子从那些"半生不熟"的人身上寻找共同点，或者去欣赏那些人身上独特的个性魅力，"以人之长，补己之短"，最终将这些"半生不熟"的人纳入"自己人"的行列。

第七章

将"叛逆"转化为"独立"——与"问题"男孩相处

小心叛逆的男孩误入歧途

及时发现男孩变坏的苗头

有两个罪犯回忆他们的童年经历：

有一次，奶奶带我去商店，我顺手"牵"了一块面包，奶奶当时看见了，但她没有责怪我，还让我带着面包快走。当我每次偷得同学东西时，奶奶都替我保密，从来没有告诉过爸爸。后来我偷了越来越多的东西，从偷同学的橡皮，到偷钱，甚至偷遍了一个社区。于是我从一块面包开始，学会了偷东西。

小时候，每次我和同学闹了矛盾，甚至欺负了同学，妈妈都没有表过态。即使别的同学的家长找过来，妈妈也没有说过什么。因此我认为欺负人不是什么大不了的事。我经常欺负别人，到了社会上，我更是变本加厉。妈妈看势头不好，想阻止，但已经晚了。我已经走上了一条不归路。

美国斯坦福大学心理学家詹巴斗曾进行了一项实验：把两辆一模一样的汽车分别放置在帕罗阿尔托的中产阶级社区和杂乱的布朗克斯街区，停在布朗克斯街区的那一辆车被心理学家摘掉了车牌，并且打开了顶棚，结果不到一天就被人偷走了。而停放在帕罗阿尔托的那一辆车，停了一个星期也无人问津。后来，詹巴斗用锤子把这辆车的玻璃敲了个大洞，结果短短几个小时后，这辆车就被偷走了。

政治学家威尔逊和犯罪学家凯林以这项试验为基础，提出了犯罪学上的一个定理——破窗定律。他们认为：如果有人打坏了一栋建筑上的一块玻璃，而这扇窗户又没有得到修复，别人就可能受到某些暗示性的纵容，去打烂更多的玻璃。久而久之，在这种公众麻木不仁的氛围中，犯罪就会滋生、蔓延。

同时这个定律也告诉我们家长，在男孩的成长过程中，如果父母对他犯下的错不闻不问、反应迟钝或纠正不力，很可能会纵容孩子的这种行为，于是用不了多长时间，他就会由偷一块面包发展到偷别人的金钱，由犯了一件小错发展到犯罪，最终铸成大错。

孩子的事情无小事，所有的小事对男孩来说都是大事。父母眼中的"小错误"，对当时的孩子来说，就是"大错误"。父母对这些"小事"的忽略，其实是对孩子最大的误导。

当第一扇窗户被打碎时，请及时地去修缮；当孩子第一次犯错时，请好好修复这种"小破坏"。如果发现男孩有变坏的苗头，家长一定要及时制止，不能放任他。

孩子就像一株小树，在成长的过程中难免生出歪歪斜斜的枝杈，家长应该不时用剪刀修剪，小树才能长得端正、挺拔。有些家长只管给孩子最好的吃的、用的，却对孩子的思想道德不闻不问，这无疑是本末倒置，这样的做法无法养育出高素质、高修养的男孩。

健康上网，杜绝"网瘾"

谈到上网问题，不妨先来回顾一下近年来一些网吧发生的恶性事件和一些网瘾孩子的遭遇：

2004 年 12 月 27 日，天津市塘沽区 13 岁的少年张潇艺因上网玩魔兽游戏成瘾而跳楼自杀。

2006 年 3 月 22 日中午 11 时许，甘肃省武威市青年许福斌因不满父母对其上网的责骂，将父母杀害，而后从父亲身上搜得现金 27 元，继续回网吧上网。

网络成瘾造成的悲剧每天都在上演。

许多男孩沉迷于网络的虚幻世界，不愿回到现实生活中，也许现实生活中的确有很多让他们无奈的事情，或让他们无法面对的事情总是太多，比如父母关系不和或离异、学习成绩不好、人缘不好……于是男孩们找到了一个世外桃源——网吧。但是沉迷网络是最糟糕的逃避对策。

当男孩陷进了虚拟的世界难以自拔时，家长应当如何引导呢？

第一，父母之间的关系要和谐，即使有分歧，也不要在男孩面前吵架。其实一个温暖幸福的家庭环境，胜过万种良药。如果男孩在学校遇到了困难，父母不妨鼓励他将自己的困惑、无助告诉家人，来个家庭总动员，帮助他解决遇到的困难。平时家长可组织一些家庭会议，以家庭讨论的方式，来探讨男孩遇到的一些事情，比如，受人欺负、老师不喜欢、和同学有矛盾、学不好语文等，父母通过这种讨论来纠正他的错误认知。周末，父母也可以带着男孩去游玩，使他忘记现实的烦恼，逐渐让家的温暖代替网吧营造的虚幻世界。这样孩子逐渐会控制自己的上网时间，他会将上网的时间用来和全家人一起开心地聊天或游玩。

很多父母说自己没有善解人意的儿子，所以觉得自己的家庭并不幸福。说这样的话的父母，有没有想过儿子也可能觉得自己没有一对好父母，觉得自己不幸福呢？幸福是一家人的相亲相爱，相互信任。如果我们渴望儿子能够对我们好一些，我们首先要对他们付出爱。

第二，如果想帮儿子走出网络营造的游戏世界和淫秽世界，单单靠父母的力量是不够的。我们最好审视儿子身边的朋友，鼓励儿子远离那些有恶习的朋友，去结交一些阳光的朋友，男孩如果经常和乐观阳光的朋友在一起聊天、学习、玩耍，有助于他明辨是非，养成健康上网的习惯。

第三，其实男孩还可以向自己求助。父母在日常生活中最好注意培养男孩足够的自制力，提示他用一颗冷静的头脑思考问题，当他用这种正确的思考方式来思索时，他会发现——去虚拟的世界逃避现实的风浪，这真是最糟糕的主意！如果再沉迷于那些淫秽的世界则无疑是在走一条绝路。不妨找一些更有意思的事情来代替它，比如，沉迷于跑步、听音乐、看书、学习中，勇敢地表达自己的喜怒哀乐，仅仅把网络当成可供利用的工具，这才是最理智的决断。

家长要让男孩认识到互联网潜伏着至少三种风险：首先是接触的危险，无法得知网络那头的人有着什么样的行为、思想、动机。其次是网上内容的危险，男孩们极易受到网上猥亵、淫秽、暴力等信息的吸引和刺激。一个毫无防备的家长，是无法掌握孩子上网所浏览的内容的。最后是行为危险，孩子们会在网上说很多秘密，要知道这些言行都会留下"数字脚印"，而这种"脚印"将成为电子档案伴随着男孩的一生。

告诉男孩"性"并不神秘

现在很多男孩在青春期都出现了各种各样的问题，比如早恋，甚至还因为冲动犯下错误。其实如果父母能够对男孩进行早期性教育，也许男孩就不会变"坏"。不过很多父母面对这个问题总是有些含糊。

男孩们之间，其实也会私下讨论这个话题，评价异性同学的身材、看时尚前卫的杂志等，只要男孩是一个正常的青春期少年，他就一定会想弄明白"性"这个东西，肯定会充满好奇心，不管父母正视与否，它都存在。

建议家长们早早告诉男孩一些"性"知识，这样他会少走一些弯路。

有个男孩，萎靡不振，眼圈发黑。他知道自己的问题，也和男同学交流过，发现都有这种现象，但不好意思和家人说。而他的父母都没有意识到，家里这个小伙子已经到了青春期，还是把他当小男孩看待，令他郁闷不已。

一般来说，由爸爸和儿子讲，这样比较容易开口。家长千万不要再把他们当成小毛孩儿，对男孩的关注上也应提醒他们注意身体，不要太过疲劳，或者在选购内衣的时候，尽量选择较为宽松的等。如果一味在男孩面前遮掩"性"这个问题，只会越变越糟，因为捂只等于酝酿。

父母对男孩进行性教育要根据男孩的不同年龄分段进行。

5 岁之前：这一时期主要是让男孩认同自己的性别。男孩出生后，无论性别如何，在取名、着装、生活用品的选择上都不要给他选择小女孩用的，以免影响他日后的性取向，导致后来性格和行为上的改变。

当男孩能听懂言语时，家长可在给男孩洗澡、着装、修整发型及玩具选择等方面有明确地性别区分。还可通过书报、画册、影视、讲故事等方式来引导他对生殖产生一种自然的认识，从而使他能够完成正确的性认知。

5 ~ 7 岁：这一时期的男孩常常对性别感到不解，他会向父母提出各种问题，父母最好能用男孩能理解和接受的言语和方式予以解答，使孩子的好奇心和求知欲得到解决和满足。不要详细地讲述性、生殖等情节。父母还要引导男孩保持自体清洁，养成良好的卫生习惯。

7 ~ 14 岁：这一时期，父母要对男孩进行较系统的性知识教育。父亲可借助一些自然现象、童话、寓言故事，采用比喻的手法把性教育内容穿插其中。避免直接、详细地介绍人类的性行为，否则很容易给这个年龄的男孩带来心理阴影。在性知识教育的同时，还须进行性道德教育，避免男孩因为性冲动而犯下过错。

14 ~ 18 岁：这期间父母应关注男孩的性困惑。有一位男孩睡觉时遗精，他以为是生病了，非常担心，又不好意思告诉父母，自己又找不到解决方法。一日，母亲整理他的房间时，发现男孩在看一些不健康的书籍，母亲这才意识到该告诉男孩一些正确的性知识了。

家长不要等到男孩问才说关于性的一些问题，父母可利用身边或社会上发生的事件与男孩一起进行讨论，借此告诉男孩一些自己的想法和正确的性观念。

别让男孩陷入追星的旋涡

崇拜明星或名人，是男孩的普遍心理，但是由于缺乏自制力和辨别能力，男孩对明星的崇拜往往会陷入一种盲目，只看到他们表面上的光环，而迷失了自我。其实父母们不必担心，成长始于崇拜，只要引导得当，追星并不是一件坏事情。

周杰伦要来开演唱会了！追星的男孩们这下可兴奋了："哇，周杰伦耶！我的偶像！""这回不管怎样我都要攒钱去买演唱会门票！"

男孩兴奋不已，父母却满脸愁容："男孩这样追星，到底好不好？"尤其是妈妈，看到男孩的样子，便想起隔壁老张家的那个男孩：

隔壁老张家的男孩小宝今年8岁，特别喜欢奥特曼。奥特曼是男孩们心目中的英雄，他为了世界和平同怪兽作战，一次又一次地拯救人类。小宝喜欢奥特曼更是到了入迷的地步，他让家长给他买奥特曼的图书、奥特曼的VCD、奥特曼的模型；他还常常模仿奥特曼的语言和动作。有时，他还会发扬奥特曼精神，和马路旁欺负小花狗的大狗作斗争……

也许父母们看到这个案例，会认为男孩崇拜英雄和明星简直是一件不可理喻的事情。但是从男孩们对奥特曼的崇拜中，可以看出男孩们的英雄主义情结。每个男孩在内心都想成为英雄或身披闪亮盔甲的武士，他们希望自己也能成为奥特曼那样的英雄。因此，打群架的大多是男孩，为朋友两肋插刀的也大多是男孩，他们做事莽撞，喜欢做什么事情都冲在前面。

这是男孩的一种本能反应，其实成长就是始于崇拜。男孩体内的睾丸素使男孩更具攻击性，心理学家称之为"有攻击性的小机器"。在运动能力方面，男孩的爆发力、动作速度和猛烈程度远远超过女孩。他们喜欢通过这种方式来表现自己的勇敢和力量。正像大部分男性都是足球迷一样，在他们眼中，那不是绿茵场，而是一次战争、一次搏杀，他们喜欢研究战略战术，欣赏球技而不是球星，天性中好斗的成分决定了男人是天生的球迷，所以男孩们普遍会为自己选择一位敬仰的对象来崇拜。

从发展心理学的角度看，儿童的"战争"观念和成人的"战争"观念不同，前者是一种游戏行为，而不是成年人心目中的道德行为。美国心理学家丹尼鲁·庞斯认为，儿童之间的"战争"游戏应该说是正常的，有助于儿童建立社会正义感。

可是，他们还处于人生观的形成阶段，容易把对明星、偶像的崇拜和暴力主义相混淆，这时候就需要我们家长的帮助了。

父母们能做的其实很多，比如帮助男孩选对崇拜的对象，即男孩所崇拜的对象身上一定要有一些可供孩子学习和参考的积极的东西，摒弃追星似的盲目狂热，选择榜样以理性对待和学习。然后，利用男孩对名人的崇拜进行自我教育。崇拜的对象为男孩们提供了直接思想言行规范化的模式，让被崇拜人物的高尚品德、创业意志和献身精神影响和感染男孩，启示男孩该如何去对待生活、对待事业、对待未来，以及对待成功与挫折。

家长如果站在男孩的角度想这个问题，与他真诚交流对明星的看法，就能赢得男孩的信任，从而男孩也会向父母袒露自己的心事。这样家长及时解开男孩心结，从而积极地引导男孩正确看待明星，支持孩子对的一面，指出片面的地方，引导他往好的方面发展。

再有，父母不要把男孩当作另一个自己，对其精神生活进行禁锢。父母最好尊重男孩的想法。这样才能避免一些不必要的追星悲剧的发生。

喜欢娱乐是男孩的天性，男孩"追星"实际上是一种理想中的天真。父母如果发现男孩追星，害怕男孩会误入歧途，不妨自己也同男孩一起追星。父母只有了解了男孩喜欢的偶像，才可以和男孩谈论这个偶像的优缺点，父母对男孩的偶像所发表的客观评论，对男孩的人生观与价值观的形成有重大作用。

有一位妈妈的做法就很值得借鉴：

儿子小高很崇拜周杰伦，每次只要一听到周杰伦的歌曲，便如醉如痴。他还会经常买来一些周杰伦的贴画。一次妈妈悄悄坐到他身边，说："妈妈来看看宝贝儿子喜欢的大明星。"起初妈妈总是夸周杰伦，这令儿子非常兴奋。此后儿子和妈妈成了无话不谈的好朋友。他们从周杰伦谈到其他众多明星，谈到每个明星的优缺点，谈到应该向谁学习，不应该效法谁……

在妈妈的努力下，儿子竟然开始有了自己的梦想，并踏上了不懈努力的道路。

父母们不妨学学这位妈妈的聪明之处。如果父母只是简单采取扔掉明星的 CD、撕掉明星的相片等办法，不仅不会令男孩回头，也许还会酿成悲剧。

帮助男孩成长起来

鼓励男孩为自己负责

有智慧的父母并不是为男孩安排好一切，而是教他成为世界的主人，将他培养成能够对自己负责的人。如果父母将一切都为孩子安排妥当，会使孩子失去自己组织自己生活的能力和敢作敢为的勇气，日后的独立生存能力同样值得怀疑。

在父母的悉心照顾下，在凡事都已准备好的情况下，男孩必然会失去自己计划、安排的能力和敢作敢为的勇气。父母的包办只能让男孩的独立和责任意识变薄弱，这样的孩子以后步入社会，生存能力也让人大为怀疑，所以家长要有站在一旁的态度，孩子的事情让他自己做。

美国的家庭在吃饭的时候，也注意培养孩子的独立思维能力，孩子吃饭，由自己决定喜欢吃什么，不喜欢吃什么，或者自己是否吃饱。如果明明没有吃饱但因为贪玩而不再吃饭，那么过一会儿一定会挨饿，因为那是他自己的选择，他必须要自己承担后果，真正尝到了苦处，以后才不会再犯。美国的家长爱说，犯错误是一个不可缺少的学习过程，儿童教育学家对这一认识尤其重视。美国家长相信，孩子的生活是孩子自己的生活，不管是现在还是将来，孩子只能过自己独立的生活。

据介绍，美国孩子很小就与父母分开来住，单独睡一个房间。孩子到了 18 岁时，就得自己挣钱解决生计，父母并不是没有钱，而是让孩子自己挣钱早日独立。美国孩子从小就经常听到父母的口头禅"要自己照顾好自己"，让孩子自己挣钱，是让孩子知道挣钱的辛苦和不容易，以及挣钱的价值。

美国的父母从小就注意培养孩子独立生活的能力，孩子依赖父母只是源于父母的过分帮助和保护。当孩子满怀热情，想自己动手尝试时，父母的一个"不"字只会打消孩子的积极性，久而久之，孩子不再想做，也逐渐地想不到去做了。如果父母总是习惯为孩子安排好一切，这样也向孩子传达着错误的信息，给孩子造成一种不需要自己做的印象，孩子得不到机会去学习照顾自己，依赖心理也就悄然而生。

那么，我国的父母如何让孩子摆脱对父母的依赖呢？父母要做的，除了从对孩子的照顾中把自己和孩子解放出来，还需要注意哪些呢？著名的心理学家艾里克森给父母们提出了几点建议：

1. 鼓励男孩不断地进行尝试。比如洗衣服，有的父母担心孩子洗不干净，把水洒得到处都是，于是进行干涉，这样只会让孩子产生强烈的挫败感，这对孩子独立性的培养大为不利。家长不妨告诉孩子洗衣服的步骤和注意点，这样，孩子经过几次尝试之后，自然熟能生巧。

2. 不断强化男孩的适应能力。父母可以让孩子在家中做一些力所能及的事情，比如倒垃圾、叠被子、打扫卫生、洗菜等，这样能增强孩子独立做事的能力，摆脱孩子凡事都要依靠父母的习惯。千万不要觉得孩子动作太慢就不让他做家务，否则只会养成孩子依赖的心理，也更容易让孩子丧失对家务的参与和责任感。

3. 利用榜样的作用激励男孩，对男孩摆脱依赖及促进其独立自主也能产生一些积极的效果。可以经常告诉孩子一些名人独立的故事，让他从中吸取力量。在孩子做事的时候，积极地鼓励他，也能增强孩子的自信心和独立做事的热情。

让孩子学会自己支配生活

有不少家长为了教育出优秀的孩子，倾其心血为他们报各种各样的辅导班，可是孩子们好像是越学越呆了。这究竟是什么原因呢？很有可能是因为他们有一样重要的东西没有学，那就是不知道如何自主把握和支配自己的生活。

走进美国超大公司的纽约总部，映入眼帘的是一个鱼缸，里面十几条热带杂交鱼在自由地嬉戏。这个巧妙的装饰除了美观之外，还说明了一个原理——鱼缸法则：养在鱼缸中的热带金鱼，三寸来长，不管过多长时间，始终看不见金鱼的生长。然而，将这种金鱼放到水池中，两个月的时间，原来三寸的金鱼就可以长到一尺长了。

把这条原理应用于教育同样适用，孩子的成长需要自由的空间。而父母的保护往往就像鱼缸一样，孩子在父母的鱼缸中永远难以长成大鱼。要想孩子健康强壮地成长，一定要给孩子自由活动的时间，而不要让他们拘泥于父母提供的"鱼缸"中。父母也应该克制自己的主观想法，留给孩子自由的成长空间，让他自己来支配自己的生活。

对于孩子的兴趣爱好，家长应充分尊重孩子的意愿，让孩子独立支配自己的生活。选择练习什么样的乐器或者对其他的什么知识技能感兴趣，家长应总是给予支持、鼓励和引导，或者帮助请家庭辅导教师。

西方国家的家长大都不对孩子的学习施加压力。他们的观点是：喜欢学的孩子自然会努力，为什么要强迫他们做不愿意做的事情呢？人的兴趣、爱好本来就各不相同，孩子适合做什么就做什么，人生的路让孩子自己去走。成功的家庭教育，应是家长舍得拿出时间跟孩子以平等的态度进行对话和交流，对孩子正确的想法和行为给予充分肯定，让孩子在尊重和鼓励中长大。

21世纪将是"自主支配"的世纪。著名的管理学家彼得·德鲁克指出：因为信息时代取代了工业时代和放权自由的管理模式，所以这个世纪最重要的事情不是技术或网络的革新，而是人类生存状况的重大改变。在这个世纪里，人类将拥有更多的选择，他们必须积极地管理自己。

进入社会之后，孩子必须自己决定自己的行业、自己的老师、自己的老板、自己的公司、是创业还是加入公司……每一天面临的都将是选择，孩子在成长的过程中更需要塑造的是独立性、责任感、选择能力、判断能力。一个孩子如果长大了之后还只是会背知识，等别人帮他做决定或者做事情，那他进入社会之后就不会被重视。孩子将在这样的社会里生存，所以必须具备自主支配自己生活的能力。

那么如何培养孩子独立支配自己生活的能力呢？建议家长从以下几个方面着手。

1.培养孩子"自己想办法"的习惯。从小让孩子自己去解决自己的事情，从小让他们懂得，任何人都别想推卸责任来让别人替他们收拾残局。当孩子遇到困难的时候，不要想什么都帮孩子去做，而要鼓励他们自己想想办法，或者帮助孩子分析应该怎样解决，促使他找到正确的道路。

2.让孩子成为自己的主人，决定自己的将来。在某件事情上，虽然家长很确定将来应该如何来做，但是也应该给孩子一个机会，让他学着自己独立来判断。因为他从自己的错误中学习到的经验一定比你正确的教导要多得多。

3.培养孩子对自己事情负责的态度。如果家长习惯了任何事情都帮孩子安排得面面俱到，很可能会导致孩子做事不负责任的后果。而且父母的过度包办，也会让孩子变得没有礼貌，不懂得珍惜。

4.要信任孩子可以做好。在有些时候，信任比惩罚更能够激起孩子的责任心。童欣在微软研究院中以严肃负责而著名。他回忆起自己小的时候有一次犯了错误，妈妈没有一句责备，而是看着他惊恐的眼睛，温和地说："这件事已经过去了，你过去是个好孩子，以后还会是一个好孩子。"童欣说："那个晚上，妈妈给了我最好的礼物，让我终生受用不尽。"

5.建立"共同规定"。对孩子不要有太多的规定，如果家长实在有顾虑，可以用"共同规定"和孩子约法三章。例如孩子玩电脑，我们不要说"不准玩"，而要告诉他"成绩够好才可以玩"。把每一个否定变成机会，就把自主权从家长身上转移到了孩子身上。这样不但能培养孩子的独立能力，并且会促使他更加上进。

引导孩子独立思考

独立思考的能力是一个男孩走向成功最重要的品质，也是成功人士的必备素质。西方国家教育不赞成对孩子进行墨守成规式的灌输，而是要求家长针对孩子日常碰到的一些问题帮助他思考，启发他通过思考了解周围的复杂世界。

毫无疑问，成大事者都是独立思考、具有创造性的人。为什么？独立思考可以引导成功：一个具有独立思考能力的人，一个具有创造性的人，也定会是一个成功的人。有志成功的人，应该有着独立思考的习惯；尤其是要成大事的人，只有养成了独立思考的习惯，才能在艰辛的事业之路上独闯天下。

对亨利先生而言，有一个孩子令他印象颇深，他是从中国来念书的贝贝。

亨利先生教学的特点就在于为孩子们提供一个可以独立思考的环境，他希望孩子们能够在思考一个个问题的过程中逐渐建立起独立思考的能力，进而让孩子们学会一些独特的思维方式。有一次，他为班上的同学们出了一个讨论题目：传统文化和现代文化的关系。他让 12 名学生分成正方和反方以讨论的形式开展辩论，而贝贝则抽到了传统文化的那一组。

当对方的同学陈述了一番现代文化的繁荣之后，贝贝开始滔滔不绝地讲起了他所谓的"大树理论"：传统文化是一切文明的根，而现代文化只是建立在传统文化之上的叶子，如果没有根，哪里会有叶？所以，传统文化比现代文化更重要。同学们为贝贝的理论感到惊奇，觉得贝贝说的真是太有道理了。可是正当贝贝为此而沾沾自喜的时候，亨利先生宣布让双方来一个大对调，贝贝一下又成了维护现代文化派。

这一下，对方就直接质问贝贝："你刚才不是陈述了大树理论吗？你说根比叶子更重要，这下你要怎么解释？"没想到，贝贝立即反驳道："树叶的光合作用就是为了维持大树的生命，如果没有了树叶，树根一定会死掉。所以如果没有现代文化的发展，古代的传统文化也就不会有光泽。"全班同学都为贝贝的诡辩连声喝彩。而亨利先生也很欣赏这位有着独特视角的中国学生。

凡是善于引发灵感，能够形成创造性认识的人，都很会用脑。一般人以为显而易见的现象，他们会产生疑问；一般人用习惯的方法解决问题，他们却有独创。他们的特点是喜欢独立思考，遇事多问几个"为什么"，多提几个"怎么办"。任何创新项目的完成，都是独立思考和钻研探索的结果，因此就不能迷信、不能盲从、不能只用习惯的方法去认识问题，或只用已有的结论去解决问题，也不能迷信专家、权威，而要从事实出发，从需要出发，去思考问题、探索问题，去寻找新的方法、新的答案、新的结论。

要促进灵感的产生，就必须多用脑，因为人的认识能力是在用脑的过程中得到锻炼从而不断提高的。所谓多用脑，不是指不休息地连续用脑，而是要把人脑的创新潜能充分地发挥出来。爱因斯坦对为他写传记的作家塞利希说："我没有什么特别才能，不过喜欢寻根究底地追求问题罢了。"在这个寻根究底的过程中，最常用的方法就是独立思考。他自己深有体会地说："学习知识要善于思考、思考、再思考，我就是靠这个学习方法成为科学家的。"

"数字化教父"尼葛洛·庞蒂说："我不做具体研究工作，只是在思考。"

从这些名言中我们不难得出这样一个道理：独立思考是一个人成功的最重要、最基本的心理品质。所以，家长要帮助孩子养成独立思考的习惯，这是成大事的人必备的条件。

要提倡独立思考，鼓励大胆联想，思想越"疯狂"越好，提出的设想越多越好。西方古谚云："世上有 5% 的人主动思考，5% 的人自认为在思考，5% 的人被迫进行思考，而其余的人一生都讨厌思考。"这在某种程度上揭示了能进行主动、独立的思考并不容易。

此外，家长要鼓励孩子在学习的过程中用发现的态度去学习，在做出了自己的独立发现后，再与书上的发现进行比较。这种方法由美国心理学家布鲁纳首创，对培养人的独立思考能力有实际的效果。它有利于人们自己发现问题，扩展知识，从而推进创造活动。

不要快速回答孩子的问题

陪孩子发现问题、探讨问题，但是应由孩子自己解答问题，因为答案是什么不重要，重要的是让孩子练习独立思考、判断的能力，他才能享受发现事理的喜悦。

阿弟4岁时，家门口新订制了一个大鱼缸。那时午后的太阳正斜照着，阿弟开心地向着鱼缸走去，突然，阿弟指着倒映在地上的彩虹说："妈妈，你看，亮亮耶！"讲得有深度一点儿是说："怎么会有这种现象？"妈妈也充满疑惑地问他："真的耶，好奇怪喔，它是怎么来的？"阿弟转着他的小脑袋，看着看着，然后说："是太阳公公让它亮亮的！"妈妈问："为什么呢？"阿弟说："对呀！太阳公公照到水里面，水再照到地上呀！"虽然阿弟不懂反射的原理，但是他已经在思考、观察并且推理，无形中已经启动了大脑的运作，为他日后培养对抽象事物的学习和观察能力做了很好的准备。

上文中的故事对你有什么启发呢？每次你的孩子向你提问题时，你都是怎样应对的？孩子若问得多了，你有没有不耐烦的表现？你经常鼓励孩子提问，启发他思考吗？

在日常生活中常常看到这样的现象：有的孩子上小学时，在班上成绩很好，但是，上初中和高中后成绩明显下降，这种例子屡见不鲜。反之，有的孩子上小学时成绩不太好，进中学后成绩斐然，这亦随处可见。尤其是在男孩子中，更为常见。

这是为什么呢？一些成绩下降的孩子的父母更是为此事迷惑不解。"乖乖的一个孩子，怎么突然赶不上进度了？"这其中的奥妙，或者说，事情发生的主要原因，是小学功课比较容易，只要顺从父母"好好用功"，孩子就能获得好成绩。初高中课程难度逐渐加大，需要个人思考的成分日益增多，这时是孩子本人的意志，而不是父母的意志，父母无法再左右孩子成绩的好坏了。这是因为单纯的死记硬背已不能解决学习中的一切问题，越来越多地要求孩子们独立思考。因而孩子对所学的课程不感兴趣，不肯动脑筋，就会学不懂、学不精，更不要谈做作业了。反之，如果孩子对新鲜事物能抱有强烈的兴趣、强烈的求知欲和好奇心，就会去自寻答案。

面对这些无休止的发问，父母应不失时机地帮助他们找到比较满意的答案。培养孩子爱问的习惯，家长要有意识地鼓励孩子多思多问。当孩子向我们提出问题时，应尽量让孩子自己思考，并不失时机地肯定、表扬孩子爱动脑筋的习惯。鼓励和表扬一方面满足了孩子的求知欲，另一方面更激发了孩子的好奇心。如果孩子提出的问题较深奥，家长自己也弄不明白时，也要正确处理，而不能打击孩子爱问的积极性。正确的做法应该是，谦虚地告诉孩子："你提的问题真好，但这个问题我也不懂，等我查完书再回答你，或者你自己查书找答案，好吗？"

目前在家庭教育中，一些父母在无意中扼杀了孩子可贵的好奇心，这会直接影响到一个人创造性的形成。

保持孩子好奇心的诀窍是大人要有童心，要会换位思考。大人对孩子的好奇心不能理解，甚至不耐烦，是因为孩子问的问题大人早就知道了，站在大人的角度觉得没什么可问的。正如作家桑姆·金丽所说："我们的眼睛变得只盯着追求的目标，以至于对眼前的玫瑰花也不惊奇。"因此首先要解决的问题是尊重孩子的好奇心，允许他提问。其次，不要敷衍孩子，要给孩子的提问以满意的回答，如果自己不懂，就带孩子一起去找答案。另外，家长要学会说这样一句话："我真喜欢你提问题。"有时对孩子的提问，还可以不马上提供答案，而是进一步提出一个疑问和悬念，激起他更强烈的好奇心。

学着自己做判断

人生何其短暂，从幼年直至老年，每个年龄段都有自身的特性和幸福、快乐。有的家长不顾孩子的天性和意愿，以过来人自居，越俎代庖地为男孩的一生规划好明确的路线，让男孩按照自己制定的目标和路线去努力。

其实，男孩的事情应该让他自己决定，父母只需提出参考意见，即不要让孩子一味地跟从父母的决定，应让孩子用自己的意志取舍或选择事物，令其有自我决定的机会，并在决定事物的过程中，培养出肩负责任的自主性与积极性。另外，独立性与自律性也可从中培养。几乎没有几个父母会有意识地损伤男孩们的自信心，或损伤他们独立解决问题的能力，但不幸的是这种无意识的伤害俯首皆是。由于这个原因，家长要有意识地避免过分保护，给男孩机会，让他们独立决定自己的事情。

在培养孩子做决定的能力的时候，家长应该注意以下几个问题：

第一，不要给男孩太多的选择，如："你想穿什么颜色的毛衣？"男孩可能会提出家中没有的东西，若父母不能答应时，会使男孩对父母失去信任。应该这样问男孩："你想穿这件绿毛衣，还是那件红毛衣？"

第二，不能让男孩选择有害、不安全的事，因为男孩不知道什么有危险。例如，冬天一定要穿棉衣，这没有选择余地，必须执行，但可给些其他的选择："这棉衣由爸爸帮你穿，还是妈妈帮你穿？"而不能说："要不要穿棉衣？"

第三，男孩做决定时，不要给很大压力。如果男孩的决定不太合理、不恰当，大人可给些提醒。如果男孩做决定后，遇到挫折，产生了失败感，父母也要给予帮助。男孩做决定的机会不可太多，以免给他太大压力。

第四，根据男孩的愿望，运用大人的经验和知识，帮助男孩做一些决定。这是大人与小孩共同做出的决定，是帮助男孩做决定的好方式。如"要下雨了，在图书馆里避雨比操场上好些"。在判断正确与错误的选择时可说："我们已答应某某去展览馆，不遵守诺言是错误的。"应该让男孩知道做决定就是要其负责任。

让男孩知道，只要尽力而为，做出比较合适的决定就可以了，不一定要十全十美。如果强调可以随意做决定，可犯错误，男孩就会随随便便地做决定。该让他知道做决定的后果，从而不断学习，不断提高判断能力。如果小孩坚持穿短裤去操场玩，结果不小心磕伤了腿，你不应说，"瞧，我叫你穿裤子对吗？"而应说，"你想一想，如果我们下次再来操场玩，我们怎么保护好自己呢？"随着男孩长大，经验增多，做决定的能力与技巧就会渐渐提高。

帮男孩改掉危害一生的坏习惯

纠正男孩骂人的不良习惯

李女士陪孩子在家看动画片，当看到孙悟空打败白骨精时，李女士7岁的儿子冒出了一句令她意想不到的粗话："我靠，真厉害！"李女士吃惊不小，询问后才知道孩子是从同校的一个小朋友口中学到的。

现实生活中，这样的现象并不少见。而当孩子突然说了脏话，父母在吃惊之余，教育孩子认识到骂人的坏处了吗？

父母是否注意平时的生活环境对孩子的影响，以及注意教导孩子文明礼貌对一个人的重要性？

一次，王女士 11 岁的儿子发现表妹在自己的房间里使用电话，便大声吼道："快把我的电话放下，你这个蠢货！"接下来就对表妹破口大骂，说了一些粗鲁的、难听的话，这些话语在家中根本没有出现过。

年仅 7 岁的表妹被吓坏了，哭着跑到姨妈身边寻求保护。王女士走进儿子的房间，严厉地责备儿子道："你没有权力这么骂你的表妹，你的行为是很不礼貌、很没教养的。"更让王女士伤心的是，儿子居然不以为然地耸耸肩，慢条斯理地说他的一位朋友在和自己的妹妹争执时也是这么做的。王女士语气坚定地说："在他们家也许可以这么做，但在我们家这样的事情是不被允许的。"

说脏话、骂人是一种不文明的行为，是缺乏教养的表现，它直接影响到人与人之间的交往。这种不文明的行为发生在孩子身上，不外乎以下三种情况：

第一，学着说脏话。没有是非观念，是儿童的特点。"别人骂，我也跟着骂"，是孩子学骂人的一种普通心理。作为父母，要分清孩子是跟谁学的，然后进行有针对性的教育。

孩子刚学说话，好奇心强，有一种情不自禁的模仿本能，偶尔听见别人说一句脏话，他并不知道这句话的意思就跟着学了。父母切忌觉得挺好玩而故意引逗他或哄然大笑，这样会强化他的这种行为；父母应该告诉他："这句话是骂人的话，不好听，宝宝不学。"要把不文明的行为消灭在萌芽状态中。

有的父母平时不太检点自己的言行，孩子受其影响，也学会了说粗话。这样的父母首先要提高自己的修养，严于律己，从自己做起，为孩子营造文明、礼貌的语言环境；其次通过讲故事、做游戏等形式教会幼儿学用礼貌用语。如果父母偶尔再犯，那就应该坦诚地跟孩子检讨："刚才是由于不高兴，说出了那句话，我们是不对的，你也不要学，今后我们谁都不说这种话了。"

孩子生活在社会的大环境中，难免受到各种不良言行的影响，说粗话也是如此。父母对此要采取一些相应的防范措施：一方面要尽量让孩子避免接触周围不良的语言环境，让他们听不到脏话，学不到脏话；另一方面也要增强孩子的"免疫"力，教孩子明辨是非，告诉他们，骂人、说粗话是不文雅的行为；另外，父母要关注孩子周围小伙伴的情况，为孩子选择讲文明、懂礼貌的伙伴，以减少相互学骂人的机会。

第二，被迫骂人。这种情况一般发生在小伙伴之间：发生了矛盾，以牙还牙，受了欺负，借骂人来发泄自己的不满……这时父母千万不能劈头盖脸地训斥一通，或者袒护自己的孩子，而要耐心地进行说服教育，教孩子用谦让的态度来解决小伙伴之间的纠纷，并应明确表态。孩子怕失去父母的爱，怕失去小伙伴的心理，会促使孩子改掉自己的不良言行。

第三，习惯骂人。"冰冻三尺，非一日之寒。"出口成"脏"的孩子虽为数不多，但影响不好。对这样的孩子，应给予暂时的冷漠，不理睬他，以不高兴的脸色、严厉的语调等来对待，这些都会帮助孩子明辨是非，抑制、减少他的不良行为，从而建立良好的行为规范。不良行为一旦成了习惯，克服它就要有一定的过程，在帮助孩子纠正骂人的坏习惯时，也可以鼓励孩子通过努力改掉坏毛病。例如，可把"不骂人"列入"一天行为要求"中，如果孩子做到了，就一定要表扬，坚持下去，定会有成效。

要想从根本上杜绝孩子骂人的行为发生，首先要教育孩子懂得尊重他人。平时，家长要有意识地向孩子介绍每个亲朋好友的职业、性格、优点，鼓励孩子学习他人的优点。家长也要培养孩子谦虚谨慎的好品格，不骄傲自满，不以自己的长处比他人的短处，让孩子明白"金无足赤，人无完人"的道理，正确看待他人的缺点和不足，绝不拿他人的过失或不幸当笑料。同时，更重要的是要在日常生活中训练和督促孩子尊重他人。例如，上学时主动向老师同学问好；遇到熟人热情打招呼；请人帮助要先用礼貌称呼，再说明事由，事后要道谢，家中来客人要热情迎送等。

"冷"对孩子的牛脾气

生活中，很多男孩都会出现无理取闹、乱发脾气的情况，往往让许多父母感到又尴尬又头痛。

凯伦夫妇最近被儿子的坏脾气折磨得头疼死了。儿子吉姆仅6岁，却脾气暴躁得厉害，在商场里面逛的时候，儿子稍不如意就大发雷霆，大喊大叫。即使是跟他讲道理，他也听不进去，如果父母不按照他说的去做，他就一直吵闹、哭喊、在地上打滚，手里有什么东西都会顺手扔出去。

为此，凯伦夫妇想尽了办法，他们打他，苦口婆心地教诲，罚他站墙角，赶他早点儿上床，责骂他，呵斥他，给他讲道理……这些都不管用，一有事情吉姆还是会大发雷霆，暴躁脾气依然如故。

每个人都不希望自己的男孩是一个随意发脾气的孩子，可事实上发脾气是男孩成长过程中的必经之路，如果家长引导得不好，孩子就会像吉姆一样，养成乱发脾气的习惯，特别是在物质满足上，孩子会没完没了地发脾气，直到得到自己想要的东西为止。

一天晚上，一家人正在看电视，小恒突然要吃冰淇淋。已经很晚了，商店都关门了，爸爸妈妈试图跟他解释，劝说他明天再吃。然而，小恒的脾气却上来了，他倒在地上大声叫喊，用头撞地，用手到处乱抓，用脚踹所有够得着的东西……

爸爸妈妈被气得不知道该说什么，他们努力克制自己的火气，暂时没有任何语言和动作。

小恒叫喊了半天，他奇怪地发现，居然没有人理他。于是，他又重新按他刚才的"表演"闹了一番。这次爸爸妈妈坐了下来，静静地看着儿子，仍没有任何语言和动作。

小恒不服气地又开始了第三次"表演"，然而爸爸妈妈还是没有任何表示。最后，小恒大概也觉得自己趴在地上哭叫实在太傻了，他自己爬了起来，回房间睡觉去了。

从此，小恒再也没朝别人乱发脾气，小恒的乱发脾气因为没有得到强化而自然消失了。

男孩情绪不稳定，自制力差，并且难以接受父母的意见与劝说。在这种时候，疼爱儿子的你能做到冷静处理吗？你是不是对孩子过度关注，比如，孩子一伤心你就立刻安抚，一哭叫马上就哄？

"现在的孩子越来越难管了！"一些年轻的妈妈抱怨说，"稍不如意，牛脾气就上来了。打也不听、骂也不灵，哄他吧，他还更来劲儿！"生活中，确实有不少这样的男孩。那么对于男孩的"牛脾气"，家长应该怎样处理呢？

心理学家认为，孩子爱发脾气是由于家庭教育不当引起的。特别是独生子女，如果从小就事事以他为中心，吃不得一点儿苦，要什么给什么，那么孩子就会养成遇事爱发脾气的习惯。

要让男孩心平气和地生活，改掉喜怒无常的坏情绪，最有效的办法是采取置之不理的方法，进行"冷处理"，让其自动消失。譬如孩子在商场里面满地打滚的时候，你就在旁边看着，直到他偃旗息鼓。

孩子发脾气就向他屈服是最不可取的教育态度和教子方法。当孩子乱发脾气时，父母要保持冷静，对孩子的不合理要求绝不迁就，要让孩子明白，无论他怎么发脾气，父母都不会"俯首称臣"，他始终都达不到自己的目的。当孩子已经"雷霆万钧"时，不妨运用冷淡计，父母及其亲人都不去理会他。事后，再当着孩子的面，分析一下他发脾气的原因，细心地引导、教育孩子，相信孩子会从一次错误的行为中吸取教训。

专家认为，父母在阻止孩子坏脾气发作的时候，既不能采取过于强硬的态度，也不能采取过于软弱的态度。最好是能够迅速而果断地将孩子的注意力转移到其他方面，以缓和紧张的局势。也就是说，当孩子正处于发脾气的时刻，父母不要一心只想到训斥孩子，因为孩子这时是听不进去的；也不要强迫孩子或者用武力威胁孩子马上停止发脾气。最简便的方法就是冷处理，把他撇下不管，或把他送出门外，让他一个人去发泄，去自我克服、自我平息。这样坚持一段时间后，孩子就会渐渐改正乱发脾气的习惯，因为他知道这样做是什么也得不到的。

孩子总是拖拖拉拉怎么办

父母要让孩子懂得，生命是由时间积累而成的，谁将该做的事无端地向后拖延，谁就会无端地浪费生命；谁重视时间，时间就对谁慷慨；谁会利用时间，时间就会服服帖帖地为谁服务。

初三男孩李江15岁了，长得虎头虎脑，除了眉宇间偶尔流露出一些忧郁外，几乎看不出他有什么烦恼。但是，他的内心相当孤独，非常苦闷。虽然他潜心学习，成绩一直很不错，但老师和同学都不喜欢他，因为他做事总是拖拖拉拉。他的作业经常不能够按时完成，导致老师经常生气。在生活中，同学们谁也不愿意跟他合作，因为他办事情拖拖拉拉，和大家根本就合不上节奏。在一次晚会中，大家一起玩游戏。他和几个同学分在一组，结果因为他拖拖拉拉，使他所在的那一组输得很惨。同组的几个同学都责怪他，不愿意和他交往。慢慢地，其他同学也不愿意理他了，觉得跟他合作既倒霉又没有意思……他在学校连个好朋友都没有，感到很压抑。

像李江这样的孩子很多，做事拖拉、慢吞吞似乎不是什么大毛病，但融入集体，进入社会工作后，拖拉的恶习就会暴露出原本的弊端。下面，仔细回想一下你的孩子是否有如下情况，若有，则要尽早帮助孩子改掉坏习惯。

1. 做作业时不专心，东看看西玩玩，2个小时可以做完的作业要用4个小时甚至更长的时间。

2. 从早上起床、穿衣、洗漱到出门上学的这段时间内，动作慢吞吞，不紧不忙地，导致经常迟到。

3. 吃饭很慢。

办事拖拉、磨磨蹭蹭是孩子常见的一种毛病。孩子办事拖拉一般表现在：因怕困难而把艰巨的任务、麻烦的事情拖到最后办理，或寻找借口一拖再拖；一般不善于整理环境，卧室、写字桌上乱七八糟；一般都缺乏进取精神，不愿改变环境，不愿接受新任务；

老是不肯做作业，一直拖到每天的最后一刻，甚至点灯熬油开夜车；遇到棘手的事或考试，就装生病、找借口，企图回避；在受到不公正的待遇时，即使自己有理，也喜欢忍气吞声，以免和别人发生冲突；无论遇到什么事情都怨天尤人，从不从自身寻找原因；说起来一套一套的，想法很多，但从来不去实施……如果孩子在中学时期还没有克服掉这种毛病，就有可能形成懒惰的性格，在碌碌无为中度过平庸的一生。父母教育孩子，一定要注意帮孩子改掉这一陋习。

男孩吃饭做事慢吞吞的，最容易令父母心急。早晨时间有限，看着孩子从起床、吃饭到准备上学，样样拖拖拉拉，三催四请还是慢吞吞的，让你忍不住拉开嗓门责备他。结果大人光火了，孩子却泪眼汪汪地站在那儿发愣，坐在那儿发呆。这样会比较快吗？

父母亲气急败坏地呵责，孩子仍然慢吞吞。当心——你的气急败坏会造成错误的身教，孩子长大后会变得跟你一样脾气不好。另一方面，孩子的挫折感和当时的惊吓，也会带来更多的抑郁情绪和适应上的困难。

脾气坏的孩子容易与人发生冲突，将来亲子冲突也不可避免。抑郁的孩子容易变得低声饮泣，抬不起头来，碰到难题时会退却和沮丧。

慢吞吞已经够你心烦了，若再加上教导不当，衍生出其他冲突或心智成长上的问题，那就更令人困扰了。许多孩子的问题像滚雪球一样，越滚越大，随着年龄增加，将有更多的困扰。

男孩做事慢或者磨蹭，有的与孩子的性格有关，有的与孩子的生活习惯有关，父母应具体问题具体分析，对症下药，力争药到病除。

父母要培养男孩绝不拖延的意识，最重要的是必须让他们学会珍惜时间，懂得"一寸光阴一寸金，寸金难买寸光阴"的道理。对于人的一生来说，青春是最宝贵的，也是最容易流逝的。孩子天真活泼、精力旺盛、记忆力好，是学习的黄金时期。古今中外那些有所作为的伟大人物，他们无一不是惜时如金。要想孩子在未来有所成就，成为强者，父母必须让孩子有明确的时间观念。

帮男孩改掉丢三落四的毛病

孩子丢三落四是常见现象，男孩比女孩更加明显。孩子做事粗粗拉拉大手大脚，家长一边埋怨着"男孩就是不如女孩细致"，一边跟在孩子后面查缺补漏，恨不得天天跟着孩子，唯恐孩子因为忘了东西而耽误事。

很多家长都有去学校给孩子送忘记带的作业、学习用具的经历吧？孩子总是匆匆忙忙地赶着上学，发现东西忘了就打个电话给爸爸妈妈，于是家长就会冒着上班迟到的风险风风火火地先赶去学校给孩子救场。但不知道家长们有没有这样的发现：给孩子送了一次东西，孩子很可能过不久还会忘记带另外一样东西，还是会打电话向父母求助……

孩子之所以丢三落四，主要有三种情况：一是态度马虎，没有听完或听清别人的话，就急急忙忙去做；二是生活缺乏条理，东西总是乱放，没有合理的秩序安排；三是记忆力较差，对事情的考虑还不周全。用一句话来说，都是由于孩子缺乏自我管理意识造成的。倘若家长事事代劳，那么孩子的自我管理能力就很难完善，也就很难改掉丢三落四的坏习惯。所以建议家长不要总是抢着为孩子的行为"买单"，有的时候，让孩子吃点苦头才是最佳的教育方法。

在教育孩子的过程中，让孩子吃点苦头比一味地说教管用。现在的孩子所受的教育大多是说教型的，孩子总是听大人高谈阔论地讲道理未免会觉得厌烦，他们没有过切实的感受，因而很难体会到这些道理的深刻内涵，而只有对于那些通过亲身实践、将自己的体会经验升华成的道理，孩子才能有切肤的感受。所以说，在实践中长的见识要比说教更为生动。家长不妨让孩子吃点亏，这样才能让他们多长个记性。比如孩子不做作业，做事丢三落四，家长不必代劳，当孩子挨了批评后，自然会收敛。

虽然很多家长都想要自己的孩子改掉丢三落四的坏毛病，可是一旦丢了东西之后，便很快地安慰孩子，并且买新的代替。其实，只有多让孩子尝尝"苦头"，孩子才能记住以后应该怎么做，从而提高自我管理意识水平。

刚刚回家后，一脸的害怕，原来他把新买的自行车又放到楼下去玩儿，结果丢了。这是刚刚丢的第三辆自行车了。刚刚的爸爸知道后很生气，但话语中没有表露，只是告诉他既然这样粗心，那就自己想办法去学校吧。学校离家虽然不是特别远，但这段距离也让刚刚深深地记住了做事情一定要细心。

一天，小磊的学校举行活动，规定学生要穿校服、戴红领巾。可是刚下楼不久，小磊就按对讲门铃，要爸爸给他送落下的红领巾。可是他的爸爸却一改往日快送的习惯，而是让小磊自己上楼取。上下五楼，对上学时间已是很紧的小磊，无疑是一个考验，但他终究没有拗过爸爸，只好自己跑上跑下，一溜儿小跑，累得气喘吁吁，还差点迟到，才弥补了自己犯下的过失。但是从此以后，小磊开始把认真、细心牢牢地放在心上，做事再也不那么粗心大意了。

要孩子改掉粗心、丢三落四的毛病，家长就要学会做个"懒爸爸""懒妈妈"。现在的孩子成了家中的小太阳，说什么是什么，即使不说家长也会帮着做好。衣来伸手、饭来张口已经成为习惯，长期下去，孩子的依赖性就会更强，也就很难实现真正的自我管理。所以，家长在生活中要学会理智地"偷懒"，孩子忘了东西，家长就让他自己去拿，以此来培养儿童的独立性，而放弃依赖性。例如收拾书包，家长要尽可能地把这些小事交给孩子来做，让他们从小事中培养独立的习惯和责任意识。

如果孩子是因为思考不完善而导致丢三落四，家长可以适当地提醒孩子，但不要直接把结果告诉孩子，也不要主动帮孩子把事情补充完善。

图书在版编目（CIP）数据

养育男孩 / 闫晗编著 . -- 长春 : 吉林文史出版社，
2019.3（2021.1 重印）
ISBN 978-7-5472-5949-8

Ⅰ . ①养… Ⅱ . ①闫… Ⅲ . ①男性－家庭教育 Ⅳ .
① G78

中国版本图书馆 CIP 数据核字 (2019) 第 027178 号

养育男孩
YANGYU NANHAI

编　　著：闫　晗
责任编辑：孙建军　董　芳
出版发行：吉林文史出版社有限责任公司（长春市福祉大路 5788 号出版集团 A 座）
　　　　　www.jlws.com.cn
印　　刷：三河市兴达印务有限公司
印　　次：2019 年 3 月第 1 版　2021 年 1 月第 5 次印刷
开　　本：145mm×210mm　1/32
印　　张：8 印张
字　　数：232 千字
书　　号：ISBN 978-7-5472-5949-8
定　　价：38.00 元